Martin Wengeler

Korpuslinguistik und Sprachkritik

Die Korpuslinguistik befindet sich mit immer größer werdenden maschinenlesbaren Textkorpora und der sich verfeinernden Software zur automatischen Analyse großer Textmengen seit einigen Jahren im Aufschwung. Nicht nur für lexikographische und grammatische Fragestellungen, sondern auch für polito- und diskurslinguistische Themen wird sie zunehmend eingesetzt und auch mit sprach- oder diskurskritischen Intentionen verknüpft. Korpuslinguistisch können auch vorschnelle, nicht datenbasierte sprachkritische Urteile überprüft werden. In Anspruch genommen wird für die Korpuslinguistik darüber hinaus, dass sie nicht nur eine empirische Methode, sondern ein Denkstil sei und einen „neuen Zugang zu Sprache und den Kategorien ihrer Beschreibung" (Scharloth/Eugster/Bubenhofer 2013, 348) ermögliche. Von den Daten geleitet wollen KorpuslinguistInnen zu ganz neuen Erkenntnissen vor allem auch über die öffentlich-politische Sprache gelangen.

Zur Untersuchung öffentlicher Diskurse haben sich in den letzten Jahren drei unterschiedliche Ausrichtungen herauskristallisiert. Einige Korpuslinguisten betrachten ihren Zugang als denjenigen, der dafür sorgen kann, dass „Spitzenforschung im Bereich Sprachanalyse als Gesellschaftsanalyse" weiterhin auch an Universitäten und nicht nur in privatwirtschaftlichen Unternehmen stattfindet, und der der „Marginalisierung der traditionellen akademischen Diskurslinguistik" (Scharloth/Eugster/Bubenhofer 2013, 347) entgegenwirken kann. Demgegenüber versucht die Kritische Diskursanalyse ebenso wie die vom Anspruch her eher deskriptive Diskurssemantik quantitative/korpuslinguistische und qualitative/hermeneutische Zugänge konstruktiv miteinander zu verknüpfen.

In diesem Heft werden aktuelle korpuslinguistische Grundlagen, Verfahren und Forschungsergebnisse vorgestellt und auf ihr sprach- und/oder diskurskritisches Potential hin reflektiert. Es enthält auch Untersuchungen, die sich meta-kritisch mit in der Öffentlichkeit praktizierter Sprachkritik beschäftigen und diese mit korpuslinguistischen Verfahren anhand von großen Textkorpora überprüfen.

Literatur:

Scharloth, Joachim/Eugster, David/Bubenhofer, Noah (2013): Linguistische Diskursanalyse und Data-driven Turn. In: Busse, Dietrich/Teubert, Wolfgang (Hg.): *Linguistische Diskursanalyse: neue Perspektiven*. Wiesbaden, S. 345-380.

Wolfgang Teubert

Die Bedeutung von Sprachkritik für die Demokratie

Erste Gedanken

Wenn Menschen das Wort ergreifen, dann tun sie das, um ihre Sicht der Dinge zu vermitteln. Daran ist im Prinzip nichts auszusetzen. Jede(r) will erfolgreich sein, will also, dass sich seine/ihre Hörer von seiner/ihrer Sicht überzeugen lassen. Dazu ist ihm/ihr (fast) alles recht: Einbettung seiner/ihrer Version der Wirklichkeit in Sichtweisen, die von seinen/ihren Hörern geteilt werden, Ausblendung von allem, was abgelehnt werden könnte, Verleumdung anderer Sichtweisen und derer, die sie vertreten, die Darstellung eigener Interessen als das Gemeinwohl und der Hinweis, dass die eigene Sichtweise (anders als die der Widersacher) auf Fakten beruht, von allen wesentlichen Experten geteilt und überhaupt ‚alternativlos' ist. Dieses Unwort des Jahres 2010 hat ja in der Tat den Zweck, jede weitere Diskussion abzuwürgen.[1]

Die Sprachkritik hat sich traditionell die Aufgabe zugewiesen, die mehr oder weniger schmutzigen Tricks der Meinungsmache, mit der wir im gesellschaftlich-politischen Mediendiskurs konfrontiert sind, zu analysieren und als Verstöße gegen faires Diskursverhalten anzuprangern. Sprachwissenschaftler wie Rainer Wimmer, der eine „linguistisch begründete Sprachkritik" fordert, haben dazu Wesentliches beigetragen. Wimmer hat auch immer wieder darauf hingewiesen (vgl. z.B. Wimmer 1982, 2009), dass es nicht nur Sache der Fachleute sein kann, sondern die aller Bürger werden muss, wenn Sprachkritik „öffentlich gleichsam den moralischen Zeigefinger in die Wunde zu legen" hat, wie es der Linguist Armin Burkhardt (2002, 105) formuliert. Denn alle Diskursteilnehmer, nicht nur Experten, sind dazu aufgerufen, über das, was moralisch ist, was als Trick zulässig ist und was nicht, zu diskutieren. Was die Sprachwissenschaft beitragen kann, ist eine mehr oder weniger systematische Übersicht aller solcher Tricks als unabdingbarer Lehrinhalt für alle Schulen, in denen künftige Staatsbürger unterrichtet werden.

Sich sprachkritisch zu verhalten, heißt, über Sprachgebrauch zu reflektieren und so zu vermeiden, dass man sich vorschnell von einer geäußerten Meinung einvernehmen lässt. Damit ist der Adressat, nicht der Autor, an-

1 Aus Gründen der Einfachheit und Kürze benutze ich nachfolgend durchwegs die maskuline Form in geschlechtsneutralem Sinn. Dass dies durchaus problematisch ist, ist mir schmerzlich bewusst. Für wichtige und überaus nützliche Anregungen zu diesem Text danke ich Caroline Cabarth und Ruth Mell.

Aptum. Zeitschrift für Sprachkritik und Sprachkultur. 10. Jahrgang, 2014, Heft 02, S. 98-114.

gesprochen. Ekkehard Felder hat allerdings auch den Textproduzenten im Sinn. Der nämlich sollte sich die Frage stellen: „In welcher Form soll ich mich ausdrücken, wenn ich mich nicht von einer Seite vereinnahmen lassen möchte?" (http://www.bpb.de/politik/grundfragen/sprache-und-politik/42740/diskursanalyse?p=all). Doch die *spin doctors,* deren Beruf es ist, mit ihren Texten unsere Meinung im Sinne ihrer Auftraggeber zu manipulieren, greifen längst in ihre eigenen Kisten bewährter Tricks. Es sind die Adressaten, die sich vor deren Meinungsmache schützen müssen. Viele linguistische Laien haben inzwischen ein Gespür für diese Techniken entwickelt, sowohl passiv als auch aktiv, wie dieser Internetbeitrag zeigt: „Wer also behauptet, irgendetwas sei ein Fakt, liegt schon falsch. (Zumal Sätze, die mit ‚Fakt ist ...' beginnen sehr oft das Gegenteil von Fakten beinhalten.) Das gilt natürlich auch für mich" (http://www.spieleforum.de/thema/384004-2.html). Der Blogger ist sich natürlich bewusst, dass das von ihm benutzte Verb *behaupten* von vornherein impliziert, das Behauptete sei so nicht wahr.

Effektive Sprachkritik muss indessen mehr bringen als Warnhinweise in Bezug auf dergleichen Überredungsfloskeln. Es geht nicht nur um Form, sondern auch um Inhalte. Will man beispielsweise Demonstrationen als Störung der öffentlichen Ordnung disqualifizieren, so erwähnen unsere Mainstream-Medien verletzte Polizisten. So heißt es etwa am 1.12.2013 im „Merkur-Online" zu einer der ersten Maidan-Aufmärsche: „Kiew – Bei den gewaltsamen Protesten gegen die Regierung in der Ukraine sind am Sonntag rund hundert Polizisten verletzt worden" (http://www.merkur-online.de/aktuelles/politik/polizisten-protesten-kiew-verletzt-zr-3249449.html). Da war dem Redakteur noch nicht klar, dass diese Proteste vom Westen gewollt waren. Die „Bild-Zeitung" hingegen dreht dieses Geschehen schon am 30.11.2013 um: „Bei einem Einsatz der ukrainischen Polizei gegen regierungskritische Demonstranten sind in Kiew Dutzende Menschen verletzt worden" (http://www.bild.de/politik/ausland/kiew/demonstranten-bei-polizeieinsatz-verletzt-33610768.bild.html). Denn es gilt der Grundsatz: Weil die Verletzten die Opfer sind, müssen die anderen die (Übel-)Täter sein.

Die traditionelle Linguistik kann bei solchen Inhaltsfragen nur wenig helfen. Misstrauisch muss der Leser sein und nach Gegenstimmen in der Berichterstattung suchen. Wenn interessierte Kreise die Welt glauben machen wollen, dass die Militärmission unter deutscher Leitung, die letzten April in der Ostukraine die Kiew-feindlichen Kräfte unter die Lupe nehmen sollte, ganz und gar ‚neutral' ist, reden sie, wie die nicht immer um Objektivität bemühte „Tagesschau", von *OSZE-Beobachtern* und nicht von *Militärspionen*. In deren Nachrichtensendung wird uns beispielsweise am 27.04.2014 gesagt: Die „pro-russischen Separatisten in der Ostukraine haben mehrere festgesetzte OSZE-Beobachter im Rathaus von Slawjansk den Medien präsentiert." Natürlich wissen die Redakteure, dass eine kleine Gruppe von besser informierten Zuschauern weiß, dass das eine recht einseitige Sicht der Dinge ist, und sie möchten für alle Fälle dem Vorwurf von Lügenhaftigkeit vorbauen, aber so, dass der Durchschnittsnachrichtenkonsument nichts merkt. Also findet sich auf der „Tagesschau"-Website, auf die sich nur besonders engagierte Zuschauer verirren, in der schriftlichen Fassung des verlesenen Texts ein (nicht verlesener) Texteinschub, in dem angedeutet wird, dass man weiß, dass man die Zuschauer hier bewusst in die Irre führt. Denn dort heißt es unter anderem:

> Bei den zwischenzeitlich festgehaltenen Militärbeobachtern handelt es sich nicht um offizielle OSZE-Beobachter, sondern um ein sogenanntes Military Verification Team. Es ist nicht offiziell von der OSZE entsandt, aber offenbar auf Einladung der Regierung in Kiew im Land.
> (http://www.tagesschau.de/ausland/osze-ukraine110.html)

Ein solches Team soll also in Bezug auf militärische Gegebenheiten den auf Beobachtung beruhenden Nachweis erbringen, dass die Vermutungen, die man (die Bundeswehr, die Nato oder die prowestliche ukrainische Marionettenregierung[2]) hegt, berechtigt oder vielleicht auch grundlos sind. Der englische Ausdruck *Military Verification Team* soll implizieren, dass man es hier mit Fachsprache zu tun hat, derer sich Experten bedienen, wenn es um Inhalte geht, die sich Laien nicht ohne weiteres erschließen und daher so, wie sie sind, akzeptiert werden müssen. „Offiziell" sind diese Militärpersonen also nicht von der ‚neutralen' OSZE entsandt, aber vielleicht doch inoffiziell? Dieser Eindruck wird durch das merkwürdige *aber* suggeriert, das normentsprechend eigentlich ein *sondern* sein sollte. Doch würde dort *sondern* stehen, klänge das, als hätten diese Militärs nun wirklich nichts mit

2 Man kann natürlich fragen, ob die Verwendung dieser Bezeichnung für die (unter Verfassungsbruch zustande gekommene) Regierung im Kontext einer akademischen Zeitschrift nicht (sprach)kritikwürdig ist. Indessen liefert das berüchtigte Telefongespräch zwischen Assistant Secretary of State Victoria Nuland und dem US-amerikanischen Botschafter in der Ukraine, Geoffrey Pyatt, vielleicht eine gewisse Rechtfertigung. Dort nämlich stellt Nuland fest: „I think Yats[enyuk/Jazenjuk] is the guy who's got the economic experience, the governing experience. He's the ... what he needs is Klitsch and Tyahnybok on the outside. He needs to be talking to them four times a week, you know. I just think Klitsch going in ... he's going to be at that level working for Yatseniuk, it's just not going to work." Pyatt erwidert: „Yeah, no, I think that's right. OK. Good. Do you want us to set up a call with him as the next step?" Kurz darauf schlägt Nuland vor: „OK, good. I'm happy. Why don't you reach out to him and see if he wants to talk before or after." Die UN werde, sagt Nuland, das Ergebnis gutheißen: „He (Jeff Feltman [United Nations Under-Secretary-General for Political Affairs])'s now gotten both Serry [United Nations Special Coordinator] and [UN Secretary General] Ban Ki-moon to agree that Serry could come in Monday or Tuesday. So that would be great, I think, to help glue this thing and to have the UN help glue it and, you know, Fuck the EU." Und so geschah es. (http://www.bbc.co.uk/news/world-europe-26079957).

der OSZE zu tun.[3] Ein solcher Eindruck muss, meint wohl die Redaktion, um jeden Preis vermieden werden. Die wenigen Menschen, die also nichts besseres mit ihrer Zeit anzufangen wissen, als die Tagesschaunachrichten im Internet nachzulesen, mögen nun Bescheid wissen, auch ohne sprachwissenschaftliche Nachhilfe. Leute, die abends gehetzt von der Arbeit nach Hause kommen und sich um Kinder und Eltern kümmern müssen, haben womöglich andere Prioritäten.

An eben solche Normalbürger, ob „Bild"- oder „FAZ"-Leser, ist nun einmal der gesellschaftlich-politische Diskurs unserer Medien, ob Radio, Fernsehen, Zeitungen oder Magazine, gerichtet. Die wenigen kritischen Intellektuellen mögen, so viel sie wollen, auf Unstimmigkeiten verweisen. Doch bleiben sie mit ihren Beobachtungen, die sie in abgehobenen Zirkeln diskutieren, unter sich. Das Ohr der Bürger erreichen sie kaum.[4] Sprachkritik kann letztlich nur erfolgreich sein, wenn (fast) alle Bürger die ihnen medial vermittelten Sichtweisen mit kritischen Augen sehen.

Das Wichtigste, was es meiner Meinung nach zu lernen gibt, ist, dass der Diskurs kein Spiegelbild irgendeiner realen Wirklichkeit ist. Es kann nicht darum gehen, Wahres von Falschem bzw. Moralisches von Unmoralischem zu unterscheiden. Auf diesen Punkt werde ich zuerst eingehen. Danach werfe ich einen Blick auf die Rolle, die der öffentliche Diskurs für ein demokratisch verfasstes Gemeinwesen haben sollte, und stelle einige wesentliche Defizite heraus. Im Anschluss skizziere ich, wie die Korpuslinguistik die im Diskurs über den Mindestlohn verwendeten Argumente beleuchten könnte. Schließlich äußere ich meine Skepsis, inwieweit Sprachkritik, wie ich sie verstehe, heute überhaupt eine Chance hat.

Was wissen wir von der Wirklichkeit?

Im Jahr 1976 wurde erstmals Paul Watzlawicks amüsantes Buch *Wie wirklich ist die Wirklichkeit?* verlegt. Rasch zu einem Klassiker geworden, ist es immer wieder aufgelegt worden. An Brisanz hat es ebensowenig verloren wie an Relevanz. Geändert hat es allerdings unsere Einstellung zur Wirk-

---

3 Auf der Website http://www.russland.ru/festgehaltene-in-slawjansk-keine-mitglieder-der-diplomatischen-osze-mission/ heißt es: „In einem Interview mit dem ORF bestätigte der Vizechef des OSZE-Krisenpräventionszentrums, Claus Neukirch, ‚die Festgehaltenen sind keine Mitglieder der eigentlichen, diplomatischen OSZE-Beobachtermission'. Es handele sich vielmehr um eine bilaterale Mission unter Leitung der Bundeswehr und auf Einladung der ukrainischen Regierung." Über die ORF-Website lässt sich auf dieses Interview nicht mehr zugreifen. Doch man kann es noch in der „Taz" nachlesen: http://www.taz.de/!137428/.

4 Das trifft nicht nur für die linguistischen Veröffentlichungen zum Thema Sprachkritik, sondern auch für Websites wie die Nachdenkseiten oder Annotazioni mit ihren häufigen sprachkritischen Beiträgen zu.

lichkeit kaum. Der Radikale Konstruktivismus, dem der Autor hier Ausdruck verleiht (und der heute überwiegend vom Sozialen Konstruktivismus abgelöst ist), ist immer noch eher ein Randphänomen esoterischer Gruppen innerhalb der Geistes- und Sozialwissenschaften. Realismus hat weiterhin Konjunktur.

Natürlich sind wir von Wirklichkeit umgeben. Was wir indes von ihr wahrnehmen, ist in den meisten Fällen nur das, worauf man uns, irgendwann in unserem Leben, aufmerksam gemacht hat. Dazu gehört beispielsweise, Dinge nach ihrer Farbe zu unterscheiden. Wie alle anderen Kinder in unserem Kulturkreis habe ich ein umfassendes Farbtraining genossen. Doch nicht alle Menschen scheinen Farben wahrzunehmen. Die *Pirahãs* etwa, die am Amazonas siedeln, sprechen, wie es scheint, nie über Farben – Farbwörter gibt es in ihrer Sprache nicht. Ihr Sinnesapparat unterscheidet sich nicht von unserem. Aber sie kümmern sich nicht um Farben. Dass unsere Wirklichkeit farbig und ihre nur hell und dunkel ist, liegt in kulturellen Unterschieden begründet und hat nichts mit der Wirklichkeit da draußen zu tun (vgl. dazu Teubert 2010, 252ff.). Die Wirklichkeit, die wir erleben, ist von unserer Kultur, von dem, was man sich bei uns erzählt, geprägt.

Anders als wir versprachlichten Menschen stehen Schimpansen im direkten Kontakt mit ihrer Umwelt, ohne jegliche sprachliche Vermittlung. Sie erkennen eine Banane, weil sie vordem wahrgenommenen Bananen ähnelt, und sie fliehen, wenn sie Rauch riechen, weil sie ihn mit der Erfahrung von Feuer assoziieren. Sprache brauchen weder Schimpansen noch Menschen zum Überleben. Auch Menschen entwickeln in ihren Alltagsroutinen ein ziemlich direktes und auch unbewusstes Verhältnis zu ihrer Umwelt und verhalten sich auch ohne bewussten Plan erfolgreich. Selbst wenn wir an einem Gespräch teilnehmen, läuft vieles automatisiert ab, ohne dass wir darüber nachdenken, was wir sagen, und ohne dass wir uns vergegenwärtigen, was das, was uns gesagt wird, eigentlich bedeutet. Doch für alles, was nicht zu unserem Alltag gehört, müssen wir uns bewusst machen, was da gesagt wird. Ohne entsprechende Texte erfahren wir weder, wie der neue Laptop funktioniert noch was ein OSZE-Beobachter ist.

Wenn die Wirklichkeit, über die wir miteinander reden, nur durch den Diskurs, d.h. nur sprachlich konstituiert ist, wird Sprachkritik zur Kritik dieser vermittelten Wirklichkeiten. Denn die arbiträr vereinbarten Sprachzeichen bezeichnen nicht Dinge (Gegenstände, Sachverhalte, Zustände, Eigenschaften, Vorgänge usw.), die in der Welt, so wie sie ist, verortet sind, sondern lediglich die Dinge, über die wir sprechen. Etwas hat stattgefunden, das die einen als *Kundgebung*, andere als *Aufruhr* und wieder andere als *Krawall* bezeichnen. Die Wirklichkeit als solche ist dagegen sprachlos. Das ist es, was Konstruktivisten wie Watzlawick von Realisten wie John

Searle unterscheidet. Searle (1999, 13 f.) nämlich sagt: „Among the mind-independent phenomena in the world are such things as hydrogen atoms, tectonic plates, viruses, trees, and galaxies. The reality of such phenomena is independent of us." Wäre dem so, dann bestünde die Aufgabe der Sprachkritik darin, Alarm zu klingeln, wenn immer sich ein Diskursbeitrag sprachlich an dieser Wirklichkeit versündigt, indem er beispielsweise das, was ‚eigentlich' ein Hügel ist, als *Berg* bezeichnet. Konstruktivisten dagegen behaupten, es sei nicht die Wirklichkeit, sondern der Diskurs, der Berge von Hügeln unterscheidet. Die Kategorien, mit deren Hilfe wir uns verständigen, sind kulturell begründet und somit kontingent. Daran, dass der eine meint, so etwas wie gleichgeschlechtliche Ehen könne es nicht geben, während andere behaupten, sie seien ein Menschenrecht, lässt sich sprachlich nichts kritisieren. Der Konstruktivist hält solche Streitereien für normal, ja für erforderlich, denn jeder Fortschritt hängt von sprachlicher Innovation ab. Was die Menschen den Schimpansen voraushaben, ist ja, dass sie die Wirklichkeit, sprachlich wie sie konstituiert ist, qua Sprachgebrauch ändern können, wenn sie ihnen nicht mehr zusagt. Wenn es ihnen gelingt, andere Diskursteilnehmer zu überzeugen, können sie beispielsweise auch das Konzept ‚Ehe' neu definieren. Damit hätten sie unsere gesellschaftliche Wirklichkeit verändert.

Der Sprachkritik kann es folglich nicht darum gehen, ob Sprache, ob ein Text oder ein Textsegment diskursexterne Wirklichkeit wahrheitsgetreu abbildet.[5] Sie hat, denke ich, eine andere Aufgabe. Sich kritisch mit dem Diskurs auseinanderzusetzen heißt, die verschiedenen Sichtweisen von der Wirklichkeit miteinander zu vergleichen und zueinander in Beziehung zu setzen. Denn Sprachkritik soll befreiend wirken. Nur wenn man sich mit den verschiedenen vermittelten Wirklichkeiten vertraut gemacht hat, kann man sich die aussuchen, die einem am meisten liegt, oder gemeinsam mit anderen eine neue schaffen. Eine Sprachkritik, wie ich sie mir vorstelle, müsste also zeigen, was die unterschiedlichen diskursiv konstituierten Wirklichkeiten voneinander unterscheidet. Dadurch würde dann auch

---

5 Hierzu findet man in der Online-Ausgabe des „Neuen Deutschland" vom 24.7.2014 diese Glosse zur Berichterstattung über die Geschehnisse in der Ukraine: „Über die Jahrhunderte gab es eine dominierende Definition dessen, was Wahrheit sei. Unsere Epoche scheint sich eine eigene Begriffsbestimmung dazu zu geben: Wahrheit ist demnach nichts mehr Verifizierbares, sondern die Summe aus allen Repetitionen, die über einen Sachverhalt grassieren. [...] Diese Bewahrheitung eines Sujets, die jetzt aus Zeitungen quillt [...], ist ganz im Sinne Nietzsches eine Illusion, von der man vergessen hat, dass sie eine ist. Sie ist die Summe aus allerlei hartnäckig geführten Repetitionen, die uns in Zeitungen, Radiosendungen, Fernsehshows, Statements, Verlautbarungen, Pressekonferenzen und Regierungserklärungen begegnen und zu einem Zustand wurden, den wir der Einfachheit halber ‚Wahrheit' nennen." In der Tat wird heute oft zu schnell die Version als Wahrheit akzeptiert, die am häufigsten wiederholt wird. Doch das Ziel der Sprachkritik muss sein, Wahrheitsansprüche generell, woher sie auch kommen, in Frage zu stellen. Wer am lautesten schreit, verdient den schärfsten kritischen Blick.

deutlich, was ein gegebener Wirklichkeitsentwurf verschweigt. Denn es sind vor allem die unterlassenen Informationen, die Brüche im Gesamtdiskurs, die uns auf Knackpunkte aufmerksam machen. Die Wirklichkeitsentwürfe der Meinungsmacher tun dagegen so, als gäbe es keine Alternative.

Der öffentliche Diskurs und die Sprachlosigkeit der Adressaten

Sprachkritik, wie ich sie verstehe, ist zugleich Medienkritik und sollte sich in erster Linie mit dem öffentlichen Sprachgebrauch beschäftigen. Der umfasst alle (gesprochenen und geschriebenen) Texte, die jedem Bürger einer Zivilgesellschaft im Habermas'schen Sinn wenigstens im Prinzip zugänglich sind (vgl. dazu Teubert 2012). Das sind vor allem solche Texte, die in einer deliberativen Demokratie die zur Teilnahme am politischen Aushandlungsprozess erforderlichen Informationen vermitteln, und dazu gehören zuvörderst eben die Medientexte, die sich auf soziale und politische Themen beziehen. Traditionell haben sie ihren Platz in Zeitungen, Radio und Fernsehen. Seit einiger Zeit ist dazu das Internet gekommen, wo wir neben den genannten Medien jede Menge weiterer Informationsquellen finden. Firmen, Vereine, gemeinnützige oder profitorientierte Organisationen sind dort mit ihren Informations- und Diskussionsangeboten ebenso vertreten wie eine Vielzahl von *blogs*. Nicht wenige dieser Webseiten sind interaktiv. Relativ neu sind die Plattformen der *social media* (Facebook, Twitter etc.), die meist spezielle Zugangsberechtigungen erfordern und daher nur eingeschränkt als Teil des öffentlichen Diskurses gelten können.

Es gibt gute Gründe, warum sich die Sprachkritik immer noch besonders mit den etablierten Medien beschäftigen sollte. Denn es sind Radio, Fernsehen und Zeitungen, die in den Netzwerken der Nachrichten- und Meinungsvermittlung eine Knotenfunktion wahrnehmen. Was dort gesagt wird, hat meist seinen Ursprung in Agenturmeldungen, Pressemitteilungen und anderem für eine mediale Verbreitung vorfabriziertem Material. Der Bürger hat so gut wie keine Mitsprache, was dieses Medienangebot betrifft. Er hat, wie es scheint, auch keinen Anspruch darauf, über das gesamte Stimmenspektrum der Meinungsführer und der Normalbürger zu einem kontroversen Thema, beispielsweise dem Mindestlohn, informiert zu werden. Deliberative Demokratie kann so nicht stattfinden. Das ist vielleicht nicht ganz unerwünscht. Der Bürger als der Souverän hat weithin abgedankt. Heute redet man stattdessen eher von (Medien-)Konsumenten, denen man einen ideologisch weithin vereinheitlichten Nachrichten- und Meinungsbrei anbietet, wie er sich in jeder etablierten Zeitung und in den Fernseh- oder Radionachrichten verwechselbar wiederfindet. Ziel ist weniger die umfassende Information als die Einbindung der Menschen in die medial verordnete Ideologie des Gemeinwesens. Verantwortlich für die ideologische Linie zeichnen Spitzenjournalisten, die sich, von Ausnahmen abgesehen, in bedenkliche Abhängigkeiten zu elitären Zirkeln begeben haben, wie man spätestens seit der Publikation von Uwe Krügers (2013) Dissertation weiß.

Die einstige Pluralität der Ideologien, wie sie sich in der Zeitungsvielfalt des Kaiserreichs, der Weimarer Republik und noch bis in die sechziger Jahre der Bundesrepublik dargestellt hat, ist, wenigstens was die etablierten Medien angeht, ein Ding der Vergangenheit. Es macht fast keinen Unterschied mehr, wo man politische Nachrichten liest oder hört. Für jeden, der akzeptiert, dass unser Bild der Wirklichkeit weitestgehend diskursiv konstituiert ist, muss das Alarm auslösen. Denn wie soll eine Demokratie, in der alle Bürger umfassend informiert für ihre Partikularinteressen einen gemeinsamen Nenner suchen, möglich sein in einer Gesellschaft, die sich einer weithin institutionalisierten Ideologie ausgeliefert hat? Denn so hat der Habermas-Schüler Doug Walton (2007, 370) das Wesentliche der deliberativen Demokratie zusammengefasst:

> Democracy represents the ideal of a government legitimated by the will of the people. In theory, well-informed voters, with unhindered access to public information and the right of free speech, rationally discuss the advantages and disadvantages of various alternatives and cast their votes for politicians who will represent their constituency's interests.

Es ist nicht nur die mangelnde Pluralität des öffentlichen, durch die Mainstream-Medien vermittelten Diskurses, die einer Demokratie im Wege steht. Wir, die Bürger, sind auch deshalb nur unzureichend informiert, weil uns bestimmte Wirklichkeitsversionen, über die privilegierte Kreise verfügen, vorenthalten werden. Auch als die Tabakkonzernchefs längst überzeugt waren, dass ihre Zigaretten abhängig machen, behaupteten sie öffentlich immer noch, eine Suchtgefahr gäbe es nicht. Der mediale Diskurs, auf den die Bürger überwiegend angewiesen sind, ist speziell für sie geschaffen, während hinter verschlossenen Türen oft ganz andere Wirklichkeiten gelten. So sehen beispielsweise transnationale Konzerne wie Cargill und Monsanto die Ukraine längst als ein Einfallstor, durch das sie genmanipulierte Lebensmittel in ganz Europa zur Selbstverständlichkeit werden lassen können (http://www.orangejuiceblog.com/2014/04/the-cargill-monsanto-ukraine-connection/), während wir Konsumenten glauben sollen, dass in der Ukraine um die Einführung von Demokratie und sozialer Marktwirtschaft nach westlichem Muster gerungen wird.

Auf vertrauliche Diskurse, in denen solche Partikularinteressen formuliert werden, haben die Bürger, solange davon nichts durchsickert, keinen Zugriff. Das gilt selbst für ihre Repräsentanten in der heute allgemein üblichen indirekten Demokratie. Ein typisches Beispiel ist die LKW-Maut, die der Privatfirma Toll-Collect einen bis heute hinter verschlossenen Türen gehaltenen Gewinnanteil verspricht, der zu Lasten des Gemeinwesens geht. „Der ca. 17.000 Seiten lange Vertrag ist so geheim, dass selbst die Abgeordneten des Bundestages ihn nur auf Antrag lesen dürfen, darüber sprechen oder Vertragsmodalitäten in die politische Diskussion einbringen dürfen sie aber auch dann nicht" (www.gemeingut.org/2013/12/gesucht-wird-die-nachste-elbphilharmonie). Das ist, wie ein Blick in die Medien zeigt, gewiss kein Einzelfall. So weigern sich Bundesregierung und der Konzern Kali und Salz trotz eines entgegenstehenden Verwaltungsgerichtsurteils bis heute, den seinerzeit mit der Treuhand geschlossenen Vertrag offenzulegen, demzufolge auf die Steuerzahler des Landes Thüringen jährliche Folgekosten in Höhe von 200 Millionen Euro zukommen (http://www.jungewelt.de/2014/05-31/042.php). Es geht in all diesen Fällen offensichtlich um die Aushebelung des demokratischen Prozesses, was auch die Geheimhaltung der TTIP- und TISA-Verhandlungen erklärt. In den Worten der US-Senatorin Elizabeth Warren: „I actually have had supporters of the [TTIP] deal say to me 'They have to be secret, because if the American people knew what was actually in them, they would be opposed" (http://ttip2014.eu/blog-detail/blog/5th%20round%20US%20TTIP.html). Es gilt also, die Gründe für Geheimhaltung solcher Spezialdiskurse zu hinterfragen. Um die Durchsetzung welcher Partikularinteressen geht es hier?

Was Sprachkritik vielleicht auch leisten könnte, würde sie ihren Anspruch nur weit genug fassen, wäre, auf ein strukturelles Defizit der deliberativen Demokratie aufmerksam zu machen, das darin besteht, dass der öffentliche Diskurs größerer Gemeinwesen traditionell asymmetrisch ist. Wir, die Bürger, können zwar die für uns bestimmten Nachrichten konsumieren. Darauf, welche Informationen uns in welcher Form erreichen, haben wir so gut wie keinen Einfluss. Wir können uns zwar über Leserbriefe und über unsere Kommentare zu den Artikeln in den *online*-Ausgaben der Zeitungen an die Nachrichtenhändler wenden. Doch auf die vermittelten Wirklichkeitsversionen hat das wohl kaum einen Einfluss. Zwischen Meinungslieferanten und ihren Konsumenten findet kein Dialog statt. Das wird sich auch nicht ändern, solange sich Zeitungsverlage den Partikularinteressen einer herrschenden Klasse und nicht dem Diskussionsbedarf einer Zivilgesellschaft verpflichtet fühlen.

Ein weiteres strukturelles Defizit der Idee einer deliberativen Demokratie liegt darin, dass es so wenig wirklich funktionierende Foren gibt, auf denen die Bürger ihre jeweiligen Interessen miteinander aushandeln können. Technisch wäre das heute mit dem Internet durchaus machbar, und es finden solche relevanten Diskussionen auch in zahllosen *blogs* statt (wobei natürlich auch die meisten *blogs* Partikularinteressen vertreten). Dass sich daran nur etwa fünf Prozent der Bürger aktiv beteiligen, liegt dann wieder daran, dass diese *blogs* in der Regel kaum eine Wirkung auf den Mediendiskurs haben. Sie werden dort meist nicht zitiert. Aber nicht nur die Bürger haben Probleme, ihre diversen Wirklichkeitsvorstellungen miteinander zu diskutieren. Der Filter, der von den etablierten Informationsmedien ausgeübt wird, betrifft auch deren Repräsentanten, Abgeordnete, Gewerkschaftssekretäre, Vertreter von Interessengruppen. Direkt können sie die Bürger nicht erreichen. Sie sind auf die Medien angewiesen, die von ihren eigenen Interessen abhängig machen, was vermittelt wird. Auf deren Regeln müssen sich die gewählten Repräsentanten notgedrungen einlassen, wenn sie ihre Botschaft an den Bürger bringen wollen. Theoretisch müsste der öffentlich-rechtliche Rundfunk ein Forum für die Kommunikation zwischen Bürgern und ihren Vertretern sein.[6] Aber auch er hat sich längst Partikularinteressen privilegierter Minderheiten unterworfen. Die Nachrichtenredaktionen werden von Akteuren wie Claus Kleber dominiert, der als Mitglied im Kuratorium der amerikanischen Interessen verpflichteten Atlantikbrücke und vergleichbarer Vereinigungen deren Wirklichkeitsversionen propagiert.

Das Habermas'sche Konzept einer Zivilgesellschaft, die in einer deliberativen Demokratie durch eine Diskussion unter Gleichen ohne Berücksichtigung jeweiliger Partikularinteressen über das Gemeinwohl zu befinden habe, wie es dann von der Exekutive umzusetzen wäre, hat man immer wieder als utopisch oder widersprüchlich kritisiert (vgl. z.B. Mouffe 1999). Denn es kann nicht anders sein, als dass jeder seine eigenen Interessen vertritt, auch wenn er vom Gemeinwohl redet. Wenn immer vom Gemeinwohl die Rede ist, müssen wir uns deshalb fragen, welche Eigeninteressen verschwiegen werden. Da hilft auch nicht die Verpflichtung der Diskursteilnehmer auf das universale Prinzip der Rationalität, wie sie Habermas fordert. Denn was vernünftig ist, wird im Diskurs entschieden. Das kann anders nicht sein. Es gibt keine Methode, die erweisen könnte, welche Interpretation der Wirklichkeit rationaler als eine andere wäre. Dagegen hat Habermas Recht, wenn er auf gleichen Rechten der Diskursteilnehmer besteht. Je mehr dieses Prinzip verwirklicht würde, desto mehr entspräche das Ergebnis einer Interessenaushandlung einem gesellschaftlichen Konsens.

Weil den Menschen immer bewusster geworden ist, dass es heutzutage keinen öffentlichen Diskurs gibt, in den sie ihre Sicht der Dinge einbringen können, hat auch ihr Bemühen, an diesem Diskurs und darüber hinaus am

---

6 Bei der BBC etwa gibt es regelmäßige Programme (z.B. ‚Question Time'), in denen ausgewählte Bürger Fragen an ausgewählte Politiker stellen können. Aber gerade darum sollte es in einer Demokratie am wenigsten gehen. Vielmehr müssten sich die gewählten Vertreter von ihren Wählern sagen lassen, was anliegt. Die Exekutive hat auszuführen, was Bürgerwille ist.

politischen Leben teilzunehmen, nachgelassen. Wer abends ausgelaugt von beruflicher Hetze, unerträglichem Berufsverkehr, der Fürsorge um die eigenen Kinder und die pflegebedürftigen Eltern noch einige Minuten der Ruhe findet, wird sie kaum einer aktiven Teilnahme am öffentlichen Diskurs opfern, zumal man gelernt hat, dass solches Engagement selten etwas auszurichten vermag.

Aus der Perspektive des Konstruktivismus kann es der Sprachkritik weder um die Wahrheit von Gesagtem noch um eine möglichst ideologiefreie Darstellung der Wirklichkeit gehen. Jeder Beitrag zum Diskurs drückt notwendig Eigeninteressen aus, und jeder Diskursteilnehmer hat das Recht, anderen, so gut er kann, seine Sicht der Dinge zu vermitteln. Sprachkritik, wie ich sie verstehe, ist in erster Linie eine Kritik des öffentlichen Diskurses. So, wie er heute ist, verhindert er die Teilnahme der Bürger. Einerseits werden ihm relevante Wirklichkeitsversionen vorenthalten, und zum anderen ist er daran gehindert, seine Sicht der Dinge im Abgleich mit dem, was andere gesagt haben, beizutragen. Wem das nicht recht ist, der muss sich mit dem real existierenden öffentlichen Diskurs kritisch auseinandersetzen.

Mögliche Aufgaben einer so definierten Sprachkritik wären folglich:

1. Misstrauisch zu sein gegenüber den *mainstream*-Medien und immer zu fragen, welche Partikularinteressen mit einer bestimmten Nachricht befördert werden sollen;
2. nach alternativen Sichtweisen zu suchen, die von den *mainstream*-Medien ausgeblendet werden;
3. Vermutungen anzustellen über das, was vor uns geheim gehalten wird;
4. die kommunikative Asymmetrie zwischen Nachrichtenhändlern und Konsumenten aufzubrechen;
5. sich an Foren zu beteiligen und neue einzurichten, in denen zum einen die mediale Darstellung gesellschaftlich-politischer Themen diskutiert wird und zum anderen Diskussionsverläufe öffentlich gemacht werden;
6. Widerstand gegen jede Anmaßung von Rationalität, Expertenwissen und Alternativlosigkeit zu üben;
7. Zeit für die Teilnahme am gesellschaftlich-politischen Diskurs einzufordern.

Korpuslinguistische Diskursanalyse: die Argumente zum Thema *Mindestlohn*

Von Kindheit an misstrauen Menschen dem, was ihnen gesagt wird. Wenn ihnen etwas nicht unmittelbar einleuchtet, fragen sie nach Argumenten. Man nennt ihnen Gründe, die das, was ihnen zweifelhaft erscheint, mit ihrem Erleben in Einklang bringen sollen. Anstelle eigenen Erlebens kann es, wie es heute oft der Fall ist, auch die ständige Wiederholung von Aussagen sein, die so, ganz ähnlich wie Sprichwörter, den Status unverrückbarer Wahrheiten erhalten. Die Linguistik hat bislang die Argumentationsanalyse gern anderen Disziplinen, etwa der Logik oder der Rhetorik, überlassen. Doch sie selbst könnte hier einen sprachkritischen Beitrag leisten, indem sie etwa zeigt, wie jede der Seiten gebetsmühlenartig ihre Argumente wiederholt, ohne sich auf die Argumente der Gegenseite einzulassen. Es scheint dies vor allem eine Eigenheit politischer Auseinandersetzung zu sein (vgl. Teubert 2008).

Besondere Aufmerksamkeit heischen Argumente, die eine Handlungsabsicht nicht mit ihrem Eigeninteresse, sondern durch den Verweis auf das Wohl aller (oder doch vieler) begründen, ob in moralischer oder utilitaristischer Hinsicht. Das ist bei der Mindestlohndiskussion nicht anders. Wieder kann es hier nicht darum gehen, wer Recht hat. Ziel ist darzustellen, welche Seite welche Argumente benutzt, ob dabei Widersprüche zutage treten und wie formelhaft die Behauptungen wiederholt werden.

Die Korpuslinguistik eignet sich besonders für eine solche Untersuchung. Sie greift auf ein Korpus von einschlägigen Texten (in unserem Fall: Zeitungsartikel und Bundestags- sowie Landtagssitzungsprotokolle während eines ausgewählten Zeitraums, hier 2009 bis 2013, enthalten im DeReKo-Korpus des Mannheimer Instituts für Deutsche Sprache) zu und sucht dort nach ausgewählten Begriffen, in meinem Fall nach dem Ausdruck *ein [...] Mindestlohn* im engen Kontext von *hätte/dürfte/könnte/müsste/würde.* Meine Vermutung war, dass im weiteren Kontext der so gefundenen Belege die wesentlichen Argumente pro und contra Mindestlohn genannt würden. Die Trefferquoten waren zwar zu gering für belastbare statistische Aussagen, erlauben jedoch, einen ersten Überblick zu gewinnen.[7] Die Vorteile einer solchen korpuslinguistischen Untersuchung liegen darin, dass man auf Dinge aufmerksam gemacht wird, die man so nicht erwartet hätte. Ich war mir beispielsweise nicht bewusst, wie oft nicht nur in den Parlamenten, sondern auch in eher konservativen Zeitungen Argumente für den Mindestlohn (letztlich meist negativ) zitiert werden. Dazu gehören: gerech-

7 An dieser Stelle danke ich sehr herzlich den IDS-Mitarbeitern Anna Schächtele und Rainer Perkuhn, die die Korpusanalyse durchgeführt haben und mir mit Rat und Tat zur Seite gestanden sind.

tere Wohlstandsverteilung; Stärkung der Binnennachfrage (häufig); Vorteile für ältere und für weibliche Arbeitnehmer, für Niedrigverdiener; Absicherung des individuellen Lebensunterhalts; Stärkung der Tarifautonomie; mehr Innovation und Fortschritt; Entlastung des Staatshaushalts, Einkommenserhöhung generell. Als Nachteil gelten: Schwächung der Tarifautonomie; nur noch Schwarzarbeit für Niedrigverdiener; Hemmnis für die Integration Langzeitarbeitsloser und schließlich drohende Arbeitsplatzvernichtung (sehr häufig).

Die Warnung vor einem drohenden Arbeitsplatzabbau kommt nicht von Arbeitnehmervertretern (die ja die Interessen von Arbeitnehmern vertreten sollen), sondern von Vertretern von Unternehmerinteressen, die vorgeben, die Interessen von Arbeitsplatzbesitzern zu vertreten, während sie vielleicht eher die Sorge um ihre Gewinnerwartungen umtreibt. Hier sind fünf Beispiele:

> **Ein Mindestlohn** von 8,50 Euro auf deutscher Seite **hätte** nur ein Ergebnis: Jobvernichtung. Unterschiedliche Verhältnisse müssen unterschiedlich behandelt werden. **(Protokoll Bundestag, 23.04.2010)**

> Der FDP-Sozialpolitiker Heinrich Kolb warnte gegenüber dieser Zeitung: **„Ein** derartiger flächendeckender **Mindestlohn würde** viele Leute, die heute in Arbeit sind, definitiv aus der Beschäftigung bringen." **(Hannoversche Allgemeine, 22.02.2010)**

> Heute können Sie in der „FAZ" lesen, **ein Mindestlohn** von 8,50 Euro **würde** den Wegfall von 1,22 Millionen Arbeitsplätzen und jährliche Zusatzkosten von 6 Milliarden Euro bedeuten. **(Protokoll Abgeordnetenhaus Berlin, 25.02.2010)**

> Die Wirtschaft in Niedersachsen [...] warnte vor neuen Belastungen der Unternehmen. Jobs seien in Gefahr, falls [...] **ein Mindestlohn** eingeführt **würde,** sagte der Chef der Unternehmerverbände Niedersachsen (UVN), Volker Müller. **(dpa, 21.01.2013)**

> **Ein** flächendeckender **Mindestlohn** von 8,50 Euro **könnte** nach Ansicht des Instituts für Wirtschaftsforschung Halle (IWH) vor allem dort Jobs kosten, wo viele Geringverdiener im Einsatz sind. Wo der Mindestlohn nicht durch die Produktivität gedeckt sei, würden die Arbeitsplätze wohl wegfallen, heißt es in einer am Dienstag veröffentlichten Analyse. **(dpa, 11.06.2013)**

Arbeitnehmervertreter sehen das ein wenig anders:

> **Ein** solcher **Mindestlohn würde** [...] bis zu 225000 zusätzliche Arbeitsplätze in den nächsten zwei Jahren schaffen, heißt es in einem Gutachten im Auftrag der Dienstleistungsgewerkschaft ver.di. **(Nürnberger Nachrichten, 29.07.2009)**

> Beim DGB glaubt man, dass 500000 Jobs neu entstehen könnten, wenn **ein** flächendeckender **Mindestlohn** eingeführt und so das Lohndumping unterbunden **würde. (Hamburger Morgenpost, 25.06.2013)**

Argumente haben, wie man sieht, wenig mit der Wirklichkeit zu tun. Deshalb wird suggeriert, dass die eigenen Experten die Wissenschaftlichkeit der Argumente beglaubigen. Wie die Zitate zeigen, leisten scheinbar genaue Zahlen und Verweise auf Gutachten wissenschaftlicher Institute dabei Überzeugungsarbeit. Während die Argumente der Arbeitnehmervertreter natürlich auch das Gemeinwohl in den Vordergrund rücken, wird nicht verschwiegen, dass es individuelle Arbeitnehmer sind, denen der Mindestlohn zugute käme:

> „Menschen am unteren Rand des Lohngefüges würden von einem Mindestlohn profitieren", meint er und zieht als Beispiel Großbritannien heran. **(Rhein-Zeitung, 21.09.2012)**

Unternehmensvertreter weisen die Medienkonsumenten dagegen nicht darauf hin, dass ein Mindestlohn deswegen abgelehnt wird, weil er die Profite schmälern könnte. Mindestlohngegner sprechen lieber von neuen Belastungen für die Wirtschaft. Denn Firmen leiden schon jetzt unter ihren finanziellen Lasten. Mehr Lasten könnte die Wirtschaft nicht verkraften, wird uns gesagt. Interessanterweise taucht im hier zugrunde gelegten Korpusausschnitt das Wort *Belastung* so selten auf, dass es nicht zu den fünfzig wichtigsten Kontextwörtern von *Mindestlohn* gehört. In den Jahren 2009 bis 2013 gibt es jeweils nur wenige einschlägige Treffer, beispielsweise im „Mannheimer Morgen" vom 18.10.2013: „Damit brach der CSU-Chef gezielt ein Tabu, zumal Merkel gerade erst vor einer Belastung der Wirtschaft durch den Mindestlohn gewarnt hatte." Das zeigt, dass Beleghäufigkeit in einem Korpus, das ja nie mehr als eine mehr oder weniger zufällige Auswahl aus einem sehr viel größeren Diskurs sein kann, nicht überbewertet werden sollte, wenn es um inhaltliche Relevanz geht. Mehr Belege finde ich in Google für die Kombination der Ausdrücke „Mindestlohn" und „Belastung für die Wirtschaft", beispielsweise die Überschrift „Belastung für die Wirtschaft: Mindestlohn kostet deutsche Wirtschaft 10 Milliarden Euro." Sie erscheint am 1.7.2014 zuerst im „Focus" und wird an diesem und am nächsten Tag noch weitere 33mal in anderen Zeitungen wiederholt. Entsprechend finden sich im nahen Kontext von *Mindestlohn* folgende Wendungen: *neuerliche/unzumutbare/zusätzliche/unnötige/schwere/höhere/zu hohe/gravierende Belastung* (insgesamt 51 Belege). Eine Aussage wie ‚Belastungen für die Wirtschaft' erfüllt aus Sicht der Wirtschaftslobby ihren Zweck, denn sie wird gleichbedeutend mit ‚Bedrohung des Gemeinwohls' verstanden, und nicht als das Jammern von Unternehmern über Gewinne, die ihnen entgehen könnten.

Die Argumente, auf denen wir unsere Meinungen gründen, lassen sich nicht als wahr, als logisch oder als alternativlos charakterisieren. Sie sind Konstrukte eines vielstimmigen Diskurses, und als solche geben sie dem informierten Adressaten die Möglichkeit, sich zu einer eigenen Sicht der Dinge anregen zu lassen. Denn nur eine methodische Aufarbeitung, wie sie die Korpuslinguistik liefert, kann die Breite und Intensität der Argumentation vor Augen führen.

Die Linguistik liefert keine fertigen Antworten, sondern nur Ergebnisse, die zu weiteren Diskussionen anregen. Aber das ist eine wichtige Aufgabe, denn Michail Bachtin zufolge sollte sie Sprache „nicht als ein System abstrakter grammatikalischer Kategorien" sehen, sondern eher als „ideologisch gesättigt", als „Weltanschauung, sogar als konkrete Meinungsäußerung" (Bakhtin 1981, 271; meine Übersetzung). Daher ist die Sprachwissenschaft nicht mit Physik vergleichbar, sondern gehört zum Spektrum der Geisteswissenschaften. Sprachwissenschaftler können beliebige Diskursausschnitte als ihr Korpus definieren und dort methodisch abgesichert nach dem suchen, was sie für relevant halten, solange sie ihr Vorgehen erklären und begründen. Doch das Korpus gibt nichts preis, wenn nicht die Wissenschaftler, vorurteilsbeladen, wie sie sind, ihre Fragen an ihr Korpus stellen. Die Ergebnisse können sie dann ordnen, zusammenfassen und interessierten Bürgern zur Interpretation vorlegen, denn sie selber sind, ähnlich wie Sachverständige vor Gericht, als Interpreten des Befunds nicht kompetenter als andere. Inwieweit die Bürger das Vorgelegte akzeptieren, ist deren Sache.

Abschließende Betrachtungen

Am Anfang aller Sprachkritik steht eine Aufarbeitung der sprachlichen Tricks, mit denen die *spin doctors* ihren für die Verbreitung über Medien konzipierten Texten die gewünschte Tendenz geben. Diese Tricks zu durchschauen, ist die erste Pflicht von Bürgern, für die Demokratie mehr ist als das Recht, gelegentlich zwischen Kandidaten, die andere ausgesucht haben, auszuwählen. Denn in einer Demokratie wäre es Sache des Volkes, sich ausgehend von jeweiligen Partikularinteressen über das Gemeinwohl zu verständigen. Aber dazu müssen sie erst einmal wissen, was Sache ist.

Die Art von Sprachkritik, um die es mir hier geht, betrifft weniger die Form als vielmehr die Inhalte von dem, was gesagt und was verschwiegen wird. Denn die Bürger können nur dann sinnvoll über gesellschaftliche und politische Fragen befinden, wenn sie erstens umfassend informiert sind, d.h. wenn sie die verschiedenen Darstellungen von Geschehnissen und von Ideen miteinander vergleichen können, um sich daraus ihren eigenen Reim zu machen, und wenn sie zweitens selbst untereinander Ideen und Lösungsansätze zu Problemen entwickeln können, statt machtlos auf den Konsum der Partikularinteressen verpflichteten Mainstream-Medien angewiesen zu sein. Beides ist zugegebenermaßen utopisch. Aber wenn wir nicht ständig versuchen, diesen Zielen näher zu kommen, kann Demokratie nicht funktionieren.

Die Sprachwissenschaft hat kein Rezept; sie steht, wie alle Wissenschaft, nicht außerhalb unserer diskursiv verhandelten, beständigem Wandel unterworfenen Kultur, sondern ist Teil von ihr, und ebenso wie diese ist sie kontingent – es steht Linguisten frei, ihre Wissenschaft nach ihrem Gutdünken zu gestalten. Es gibt keine wissenschaftliche Methodologie, die uns unzweifelhaft sagen könnte, welche Vorgehensweise zulässig ist und welche nicht. Auch Linguisten haben (gottlob, würde ich sagen), was das Thema Sprachkritik angeht, ganz unterschiedliche Meinungen, für die es keinen gemeinsamen Nenner gibt. Weil die Linguistik manches von den Naturwissenschaften gelernt hat, kann sie inzwischen methodisch zuverlässig arbiträre Elemente und Elementkomplexe eines arbiträr definierten Diskurses identifizieren, zählen und messen. Damit kann sie in manchen Fällen Widersprüche zwischen unterschiedlichen Sichtweisen verdeutlichen sowie zeigen, wo sich Partikularinteressen hinter propagiertem Gemeinwohl verbergen. Es ist Sache der Bürger, sich mit ihren Ergebnissen auseinanderzusetzen. Alle Interpretation ist, worauf schon Hans-Georg Gadamer (1965) bestanden hat, prinzipiell frei und deshalb auch immer nur vorläufig. Wir sind frei, das, was an uns gerichtet ist, zu interpretieren, wie immer uns der Sinn danach steht.

Bürger, die es mit der Demokratie ernst meinen, müssen sich in die Kungelei zwischen Interessenverbänden und Politikern einmischen. Sie dürfen sich dabei nicht auf das verlassen, was ihnen die *mainstream*-Medien einreden wollen. Vielmehr benötigen sie eine möglichst umfassende Kenntnis all dessen, was zu einem gesellschaftlich-politischen Thema gesagt wird, ferner Foren, auf denen sie sich austauschen können. Im Dialog wird es leichter, zwischen Information und Desinformation zu unterscheiden und zu erkennen, was verschwiegen wird. Ein solches Ziel wäre nur dann nicht utopisch, wenn es gelänge, sprachkritisches Verhalten vom Kindergarten an einzuüben und so selbstverständlich werden zu lassen wie Zähneputzen. Ansätze dazu hat es schon einmal, nämlich in der fernen Vergangenheit der 1970er und 1980er Jahre, gegeben. Auch die Linguisten waren damals, etwa im Umfeld von Hans-Jürgen Heringer (1982) und in der Arbeitsgruppe von Georg Stötzel (Stötzel/Wengeler u.a. 1995), in die Kritik des öffentlichen Sprachgebrauchs eingebunden. Diesen Bemühungen wurde erwartungsgemäß rasch der Garaus gemacht. Doch eine weitere grundlegende Voraussetzung für eine aktive Kritik des gesellschaftlich-politischen Diskurses wäre noch zu nennen: Demokratie kann nur in einer Gesellschaft stattfinden, in der Menschen genug Zeit bleibt, sich zu informieren und untereinander auszutauschen. Indessen haben die deutschen Gewerkschaften heute auf frühere Forderungen nach einer 35-Stunden-Woche verzichtet. Da sollte es niemanden wundern, dass die Bürger inzwischen, wie es scheint, angesichts der Übermacht von Interessenverbänden, Medien und den sich demokratisch nennenden Parteien resigniert und sich mit ihrer Machtlosigkeit abgefunden haben. Ihr Vertrauen in Demokratie und in die Glaubwürdigkeit der Medien haben sie verloren. Der Einbruch der Zeitungsleserzahler korreliert mit dem Einbruch der Wahlbeteiligung. Die wachsende Apathie der Bürger mag erwünscht sein. Ist sie alternativlos?

Literaturliste

Bakhtin, Mikhail (1981): Discourse in the novel. In: Bakhtin, Mikhail: *The Dialogic Imagination: Four Essays*. Austin/Texas, S. 259-422.

Burkhardt, Armin (2002): Politische Sprache. Ansätze und Methoden ihrer Analyse und Kritik. In: Spitzmüller, Jürgen u.a. (Hg.): *Streitfall Sprache. Sprachkritik als angewandte Linguistik?* Bremen, S. 75-114.

Gadamer, Hans-Georg (1965): *Wahrheit und Methode*. 2. Aufl. Tübingen.

Heringer, Hans Jürgen (Hg.) (1982): *Holzfeuer im hölzernen Ofen. Aufsätze zur politischen Sprachkritik*. Tübingen.

Krüger, Uwe (2013): *Meinungsmacht. Der Einfluss von Eliten auf Leitmedien und Alpha-Journalisten – eine kritische Netzwerkanalyse*. Köln.

Mouffe, Chantal (1999): Deliberative democracy or agonistic pluralism. In: *Social Research* 66 (3), S. 745-758.

Searle, John (1999): *Mind, Language and Society*. New York.

Stötzel, Georg/Wengeler, Martin u.a. (1995): *Kontroverse Begriffe. Geschichte des öffentlichen Sprachgebrauchs in der Bundesrepublik Deutschland*. Berlin/New York.

Teubert, Wolfgang (2008): What is the role of arguments? Fundamental human rights in the age of spin. In: Weigand, Edda (Hg.): *Dialogue and Rhetoric*. Amsterdam, S. 95-118.

Teubert, Wolfgang (2010): *Meaning, Discourse and Society*. Cambridge.

Teubert, Wolfgang (2012): Democracy and web-based dialogue. In: Cooren, François/Létourneau, Alain (Hg.): *(Re)presentations and Dialogue*. Amsterdam, S. 99-124.

Walton, Doug (2007): Revitalizing the public sphere: The current system of discourse and the need for the participative design of social action. In: *Symbolic Practice and Action Research* 20, S. 369-386.

Watzlawick, Paul (2005): *Wie wirklich ist die Wirklichkeit?* 14. Aufl. München (1. Aufl. 1976).

Wimmer, Rainer (1982): Überlegungen zu den Aufgaben und Methoden einer linguistisch begründeten Sprachkritik. In: Heringer, Hans Jürgen (Hg.): Holzfeuer im hölzernen Ofen. Aufsätze zur politischen Sprachkritik. Tübingen 1982, S. 290-313.

Wimmer, Rainer (2009): Die Sprachkritik kommt aus der Sprache selbst: Reflektiertheit ist gefragt. In: *Der Sprachdienst* 53, S. 77-90.

Prof. Dr. Wofgang Teubert
The University of Birmingham
Edgbaston
Birmingham
B15 2TT
United Kingdom
E-Mail: w.teubert@bham.ac.uk

Alexander Ziem

Lexikalisches Wissen und argumentativer Gebrauch: vom Nutzen qualitativ-korpusbasierter Analysen

1 Diskurslinguistische Korpusanalysen zwischen quantitativer Signifikanz und qualitativer „Tiefe"

Die Korpuslinguistik hat in der letzten Dekade einen unübersehbaren Aufschwung erlebt. Auch für die linguistische Diskursanalyse ist sie aus naheliegenden Gründen zur prägenden Kraft geworden: Nicht nur durch ihre wegweisende forschungspraktische Definition von „Diskurs" als „virtuelles Korpus" (Busse/Teubert 1994, 14) bestehend aus thematisch gleichgerichteten Texten, die in einem gemeinsamen Kommunikationszusammenhang stehen, haben Busse und Teubert korpuslinguistischen Entwicklungen großen Schwung verliehen (vgl. hierzu den Überblick in Busse/Teubert 2013); auch jenseits dieser Bestimmung wächst in der diskurslinguistischen Community die Anzahl an Korpusstudien stetig (vgl. Gür-Şeker 2014, Scharloth/Eugster/Bubenhofer 2013, 348-350). Zumindest für den deutschsprachigen Raum lassen sich dabei idealtypisch drei Zugänge voneinander unterscheiden: Erstens zeichnet sich ein korpusgesteuerter („corpus-driven") Ansatz dadurch aus, dass er induktiv aus dem Datenmaterial diskurslinguistisch relevante Forschungsfragen ableitet (vgl. exemplarisch: Scharloth/Eugster/Bubenhofer 2013). In diesem Sinne hält Tognini-Bonelli (2001, 84) fest:

> In a corpus-driven approach the commitment of the linguist is to the integrity of the data as a whole, and descriptions aim to be comprehensive with respect to corpus evidence. The corpus, therefore, is seen as more than a repository of examples to back preexisting theories or a probabilistic extension to an already well defined system.

Statt also mit vorgefertigten Kategorien und Theoremen Korpusdaten zu konsultieren und statt diese als eine Sammlung von Belegen zu begreifen, die entweder bestehende Vorannahmen bestätigen oder falsifizieren, dient das Korpus vielmehr dazu, Kategorien und Theoreme erst datengeleitet zu entwickeln. Dies geschieht in der Regel mithilfe von sprachlichen Frequenzanalysen zur Ermittlung von statistischen Auffälligkeiten (quantitativer Signifikanz). Dem steht zweitens ein korpusbasierter („corpus-based"), stärker deduktiv vorgehender Ansatz gegenüber, der ein Korpus zielgerichtet hinsichtlich vordefinierter Kategorien und der Varianz ihrer Ausprägungen befragt. Bei diesen Kategorien kann es sich beispielsweise um Metaphern (etwa Böke 1997, Spieß 2014, Ziem 2008b), Argumentationsmuster (etwa Wengeler 2003), Schlag-, Fahnen-, Hochwertwörter (etwa Hermanns 2003, Niehr 2007, Wengeler 2005) oder andere analytische Konzepte handeln. Qualitativ-interpretative Korpusstudien zielen meist auf eine tiefensemantische Analyse impliziten verstehensrelevanten Wissens, das sich nur schwer – vielfach überhaupt nicht – an der sprachlichen Oberfläche festmachen lässt. Der Untersuchungsgegenstand korpusbasierter Diskursanalysen ist mithin phänomenal grundsätzlich anderer Natur als jener korpusgetriebener Studien. Drittens treten schließlich oft Mischtypen auf, und zwar dergestalt, dass etwa zunächst große Textsammlungen korpusgesteuert – das heißt: mit quantifizierenden, statistischen Mitteln – untersucht werden, um in einem zweiten Schritt die erzielten Ergebnisse dazu zu nutzen, Hypothesen zu formulieren, die es meist auf der Basis eines kleinen Teilkorpus in einer qualitativ-interpretativen Analyse kritisch zu überprüfen gilt (Bubenhofer 2013, am Beispiel von Krisen-Diskursen vgl. Ziem/Scholz/Römer 2013, Scholz/Ziem 2013).

Der vorliegende Beitrag ordnet sich in die zweite Kategorie ein. Er versucht, das Vorgehen einer qualitativ-korpusbasierten Diskursanalyse exemplarisch zu illustrieren. Den Mehrwert eines solchen Zugangs sehe ich darin, ausgehend vom Gesagten auf vorausgesetztes Hintergrundwissen zu schließen, das sich gerade nicht an der Textoberfläche zeigt. Insofern steht die vorliegende Studie in der Tradition interpretativer, hermeneutischer Text- und Korpusanalysen, ohne jedoch zugleich den erkennbaren Mehrwert quantifizierender Verfahren (etwa zur Ermittlung von statistisch signifikanten Auftretenshäufigkeiten, Kollokationsprofilen, Schlüsselwörtern, n-Grammen etc.) in Abrede stellen zu wollen. Von diesen mache ich jedoch im Folgenden bewusst keinen Gebrauch, weil am Beispiel des Schlagwortes *Globalisierung* der intrinsische Zusammenhang zwischen lexikalischer Semantik und argumentativem Gebrauch herausgearbeitet werden soll, wozu sich – wie zu zeigen sein wird – ein qualitativ-interpretativer Ansatz bestens eignet.

Wenn inhaltlich im Folgenden die Frage im Mittelpunkt steht, wie ein zentraler Diskursakteur, nämlich die globalisierungskritische Organisation Attac, den Ausdruck *Globalisierung* im Rahmen von Krisen-Diskursen verwendet, gehe ich methodisch im Unterschied zu bisherigen Studien (etwa Hermanns 2003, Storjohann 2007, Teubert 2002) davon aus, dass über korpusbasierte lexikalische Analysen hinaus ebenso die argumentative Vereinnahmung des Begriffs einzubeziehen ist, um eine möglichst präzise und exhaustive Bestimmung des Bedeutungsgehalts erzielen zu können. Ausgehend von Vorüberlegungen, die ich andernorts angestellt habe (Ziem 2007), soll aufgezeigt werden, inwiefern die stark variable und kontextabhängige Bedeutung von *Globalisierung* systematisch argumentativ genutzt wird. Die Systematik ist daran erkennbar, dass bestimmte Bedeutungsmuster zu ähnlichen argumentativen Zwecken eingesetzt werden. So entstehen Argumentationsmuster, die sich im öffentlichen Sprachgebrauch verfestigten und auf die Bedeutung ihrer lexikalischen Bestandteile zurückwirken.

Neben dem empirisch-semantischen Interesse an der textuellen Funktion von *Globalisierung* in konkreten Gebrauchszusammenhängen besteht das methodische Ziel des vorliegenden Beitrages darin, am Beispiel von *Globalisierung* ein integratives Analysekonzept vorzustellen, das es erlaubt, lexikalische und argumentative Bedeutungsdimensionen miteinander verschränkt und innerhalb eines einheitlichen Theorie-Settings zu ergründen. Den theoretischen Rahmen stellt das zeichentheoretische Konzept der Kognitiven Grammatik Langackers bereit.

In Abschnitt 2 stehen zunächst theoretische Überlegungen im Vordergrund. Hier geht es insbesondere um den zeichen- und sprachtheoretischen Rahmen, in dem die qualitativ-interpretative Korpusstudie durchgeführt wird, sowie um die bedeutungstheoretische Frage, in welchem sprachlich-kognitiven Format lexikalische Bedeutungsmuster (Frames) und Argumentationsmuster auftreten und möglicherweise integrativ analysiert werden können. Erst ein einheitliches Format erlaubt es, die lexikalische Bedeutung des Ausdrucks *Globalisierung* mit dessen argumentativen Funktionen zu verbinden und semantisch einheitlich zu beschreiben. Weiterhin werden hier die Voraussetzungen thematisiert, die erfüllt sein müssen, damit man *Globalisierung* den Status einer diskurssemantischen Grundfigur (im Sinne von Busse 1997) zusprechen kann. Das Ergebnis dieser Erörterungen steckt das Feld für die Korpusanalysen in Abschnitt 3 ab. Ausgehend von dem Gebrauch des Ausdrucks *Globalisierung* in Texten der Organisation Attac besteht das Ziel der empirischen Untersuchung darin, Evidenz dafür zu erbringen, dass *Globalisierung* eine diskurssemantische Grundfigur darstellt, die in der Verschränkung von bestimmten Bedeutungsmustern und Argumentationsmustern ihren Ausdruck findet.

2 Von lexikalischen Bedeutungsmustern zu Argumentationsmustern: Aspekte einer integrativen qualitativen Korpusanalyse

Globalisierung ist ein „Weltschlagwort“ (Wengeler 1996, 302) im besten Sinn. Der Ausdruck kursiert in mannigfaltigen Kontexten und Textwelten, ist ein Schlüsselwort in aktuellen Krisen-Diskursen, und sein Bedeutungsgehalt hat insbesondere in den letzten Jahren wiederholt Anlass zu heftigen Kontroversen und Debatten gegeben. So verwundert es nicht, wie Storjohann (2007, 149) in ihrer diachronen Korpusstudie belegt, dass *Globalisierung* seit der Jahrtausendwende signifikant häufiger Diskussionsgegenstand jenseits wirtschafts- und finanzmarktspezifischer Themenfelder ist.

Diese Karriere vom Fachausdruck zum Weltschlagwort hat freilich nicht zur Präzisierung des Bedeutungsgehalts geführt. Im Gegenteil: Was *Globalisierung* bezeichnet, scheint genauso stark zu variieren wie die Verwendungskontexte, in denen der Ausdruck benutzt wird. Die lexikalische Bedeutung hängt zudem maßgeblich von der Sprachgemeinschaft ab, in der der Ausdruck benutzt wird. In diesem Zusammenhang macht Teubert (2002, 165) zu Recht darauf aufmerksam, dass sich das Bedeutungsspektrum solcher abstrakter Begriffe nur mittels korpusbasierter Analysen des öffentlichen Sprachgebrauchs ermitteln lässt – denn:

> Alles, was wir über Globalisierung wissen können, wissen wir aus dem Diskurs, aus den Beiträgen der Diskursteilnehmer. In diesen Beiträgen wird gesagt, welche Handlungen und Prozesse Globalisierung indizieren, wer und was sie verursacht, wer und was von ihr betroffen wird, mit welchen Eigenschaften Globalisierung einhergeht und wie sie von den verschiedenen Mitgliedern der Diskursgemeinschaft beurteilt wird (Teubert 2002, 165).

Reicht es aber aus, allein lexikalisch-semantische Aspekte in den Blick zu nehmen, um verlässliche Aussagen darüber fällen zu können, welches Wissen innerhalb einer Diskursgemeinschaft mit einem sprachlichen Ausdruck assoziiert wird? Ist nicht auch die argumentative Funktion einzubeziehen, die der Ausdruck in einem Text erfüllt? Und falls dem so ist: In welcher Form ist eine solche integrative Analyse von Korpusdaten möglich? Diesen Fragen wende ich mich zunächst zu, bevor Ergebnisse einer Korpusstudie zum Gebrauch von *Globalisierung* zur Illustration des gewählten Verfahrens dienen.

2.1 Argumentationsmuster als komplexe symbolische Einheiten

Bei Argumentationsmustern handelt es sich um analytisch gewonnene Größen, die auf der Type-Ebene Ähnlichkeiten von sprachlich realisierten Argumenten – oder genauer: Enthymemen – beschreiben. Sie entstehen durch den habitualisierten Gebrauch gleicher Schlussprozesse in ähnlichen thematischen Zusammenhängen. Per Definition handelt es sich somit um sprachliche Elemente, die die Satzgrenze überschreiten (vgl. etwa Kienpointner 1992, Wengeler 2003). Denn in expliziter Form, also nicht enthymemisch verkürzt, umfassen sie mindestens zwei Prämissen sowie die Schlussfolgerung, die sich aus der In-Beziehung-Setzung der Prämissen ergibt. Zur Illustration vergleiche die Beispiele (1) und (2):

(1) Prämisse 1: Die aktuellen Globalisierungstendenzen sind schlecht.
Prämisse 2: Die Entwicklung der Globalisierung lässt sich beeinflussen.

Konklusion: Die aktuellen Globalisierungstendenzen müssen nach Maßstab X zum Besseren verändert werden.

(2) Weil die aktuellen Globalisierungstendenzen schlecht sind, müssen sie nach Maßstab X zum Besseren verändert werden.

(1) und (2) betreffen denselben argumentativen Sachgehalt. Während es sich jedoch bei (2) um einen verkürzten Schlussprozess handelt, ist in (1) auch die zweite Prämisse expliziert. Dennoch bleibt der enthymemische Charakter von (1) erhalten, da hier kein formallogisch, sondern ein nur rhetorisch gültiger Schluss vorliegt, der auf Plausibilität und nicht auf logische Wahrheit abzielt.

Für diskursanalytische Zwecke hat Wengeler insbesondere in Anlehnung an Kienpointner (1992) und Kopperschmidt (1989) versucht, einen Ansatz zu entwickeln, der es ermöglicht, in einem großen Textkorpus wiederkehrende Argumentationen hinsichtlich ihres historischen Wandels zu untersuchen. Sein Ziel ist es dabei, eine „Typologie themen- bzw. kontextspezifischer Argumentationsmuster […], die zwischen formaler und materialer Topik anzusiedeln sind" (Wengeler 2003, 277), zu erstellen. Mit der Unterscheidung von formaler und materialer Topik orientiert sich Wengeler an Kopperschmidts Weiterführung der traditionell-rhetorischen Theoriebildung. Während die materiale Seite eines Topos die inhaltliche Ausgestaltung einzelner Argumentationsmuster, also den konzeptuellen Gehalt der Propositionen, betrifft, adressiert die formale Seite die Logik des zugrunde liegenden Schlussprozesses (Kausalschluss, Analogieschluss usw.). Durch die wiederkehrende Verschränkung eines bestimmten konzeptuellen Gehalts mit einem bestimmten Schlussprozess entsteht argumentatives Gewohnheitswissen – der Topos im Sinne Wengelers. Habitualisierter Gebrauch bezieht sich hier also auf die Wiederkehr gleicher Schlussmuster in ähnlichen thematischen Zusammenhängen. Wachsen die formale und materiale Seite zusammen, ist der Status eines sprachlichen Musters erreicht.

Welchen zeichentheoretischen Status haben Argumentationsmuster? Ausgangspunkt der folgenden integrativen Analyse von lexikalischen Bedeutungsmustern und Argumentationsmustern bildet das so genannte symbolische Prinzip, das in der Kognitiven Linguistik einen zentralen Stellenwert hat. Sowohl konstruktionsgrammatische Ansätze[1] als auch solche, die sich an Langackers Kognitiver Grammatik (1987, 2000) orientieren, gehen davon aus, das die kleinsten Einheiten einer Sprache Form-Inhaltspaare bzw., in Langackers Terminologie, symbolische Einheiten sind. Bei symbolischen Einheiten handelt es sich um konventionalisierte Form-Bedeutungspaare variierender Komplexität (vgl. Langacker 2005, 104), wobei der Bedeu-

1 Vgl. etwa die Überblicke in Schönefeld 2006, Fischer/Stefanowitsch 2006, Ziem/Lasch 2013.

tungspol auch pragmatische und diskursfunktionale umfassen kann (Croft 2001, 18). Wichtig für unseren Zusammenhang ist, dass symbolische Einheiten in der Kognitiven Grammatik als einzige und folglich basale Einheiten einer Sprache gelten, woraus folgt, dass prinzipiell alle verstehensrelevanten Wissensaspekte die Gestalt symbolischer Einheiten annehmen müssen (vgl. das Prinzip der so genannten „Inhaltserfordernis", Langacker 1987, 54f.). So ergibt sich die Möglichkeit, ganz verschiedene verstehensrelevante Phänomene unter denselben theoretischen Voraussetzungen in die semantische Analyse einzubeziehen. Wenn Argumentationsmuster ebenfalls eine verstehensrelevante Funktion erfüllen, also wenn auch sie zum Aufbau einer sprachlichen Bedeutung beitragen, müssten sie ebenso in Gestalt eines Form-Bedeutungspaares auftreten.

Inwiefern sind aber Argumentationsmuster symbolische Einheiten im vorhin erläuterten Sinn? Inwiefern lassen also auch sie sich, dem symbolischen Prinzip folgend, unter konstruktionsgrammatischen bzw. kognitiv-grammatischen Prämissen zusammen mit anderen symbolischen Einheiten wie lexikalischen Form-Bedeutungspaaren thematisieren? Wie erwähnt, zeichnen sich Argumentationsmuster durch eine im Zuge häufigen Gebrauchs verfestigte, mithin schwach konventionalisierte Verbindung einer Form- und einer Inhaltsseite aus. Nun sind allerdings diese in der Argumentationstheorie vielfach als Form- und Inhaltsseite bezeichneten strukturellen Eigenschaften von Argumentationsmustern keineswegs mit der Form- und Inhaltsseite von symbolischen Einheiten gleichzusetzen. Denn ein wesentliches Charakteristikum letzterer ist es, dass die Formseite, also die Ausdrucksgestalt eines (komplexen) Zeichens, die Inhaltsseite kraft konventioneller Bindung aufruft und so kognitiv verfügbar macht. Zweifelsohne dient jedoch der in einem Argumentationsmuster wirksame Schlussprozess nicht dazu, den konzeptuellen Gehalt der Argumente und der Konklusion verfügbar zu machen. Ebenso wenig sind Schlussmuster und konzeptueller Gehalt einer Argumentation konventionell miteinander verbunden.

Aus diesem zunächst negativen Befund darf jedoch nicht voreilig der Schluss gezogen werden, dass Argumentationsmuster keine symbolischen Einheiten sind. Zieht man in Betracht, dass ein Argumentationsmuster aus mindestens zwei – in nicht-verkürzter Form, wie in (1), aus drei – komplexen symbolischen Einheiten besteht, entsteht ein anderes Bild. Beide Prämissen und auch die Konklusion treten in (1) in propositionaler Gestalt auf, mit deren Ausdrucksstruktur ein komplexes Konzept assoziiert ist. Das Schlussmuster spielt dabei eine entscheidende Rolle beim Zustandekommen des propositionalen Gehalts der Konklusion: Es verbindet die erste mit der zweiten Prämisse auf eine bestimmte Weise. Somit hat das Schlussmuster also selbst die Gestalt einer symbolischen Einheit. Konnektoren wie *weil, da, wenn-dann* usw. fungieren inhaltsseitig als konzeptuelles Verbindungsstück von Propositionen. Es liegt somit nahe, Argumentationsmuster bzw. Topoi im Sinne von Wengeler als symbolische Einheiten komplexer Natur zu verstehen, insofern die Inhaltsseite den propositionalen Gehalt der Prämisse(n), der Konklusion sowie die Semantik des wirksamen Schlussverfahrens abdeckt, also die Art und Weise, wie die Propositionen zueinander in Beziehung gesetzt werden, während die Formseite die phonologische bzw. graphische Ausdrucksgestalt der Propositionen sowie des Konnektors betrifft, der den Schluss von den Prämissen auf die Konklusion spezifiziert.

Durch dieses Verständnis von Argumentationsmustern als komplexe Form-Inhaltspaare eröffnet sich eine integrative und einheitliche Untersuchungsperspektive. Zum einen genießen Argumentationsmuster zeichentheoretisch betrachtet keinen Sonderstatus; von anderen symbolischen Einheiten wie Morphemen, Wörtern oder Metaphern unterscheiden sie sich nicht strukturell, sondern lediglich im Komplexitätsgrad. Zum anderen ermöglicht die rekursive Einbettung von symbolischen Einheiten in komplexeren symbolischen Einheiten eine kohärente Analyse. So bilden Metaphern, Leitvokabeln, Schlag- und Schlüsselwörter integrale Bestandteile von Argumentationsmustern und tragen ihren Teil zur reichen Semantik von Argumentationsmustern bei. Lexikalisch-semantische und argumentative Bedeutungsanalysen müssen mithin nicht additiv, sondern können ineinander verschränkt erfolgen. Am Beispiel von *Globalisierung* stelle ich in Abschnitt 3 Ergebnisse einer integrativen Untersuchung vor.

2.2 Diskurssemantische Grundfiguren als Gegenstand qualitativ-korpusbasierter Analysen

Wenn durch die argumentative Verwendung eines Ausdrucks – hier *Globalisierung* – zusammen mit dessen prototypischer lexikalischer Bedeutung eine neue, komplexe symbolische Einheit entsteht, liegt es nahe, *Globalisierung* als eine diskurssemantische Grundfigur im Sinne von Busse zu begreifen. Unter diskurssemantischen Grundfiguren versteht Busse (2000, 50) „zu Regelmäßigkeiten verfestigte inhaltliche Elemente in den Texten, die das Korpus der einzelnen Diskurse bilden". Diskurssemantische Grundfiguren haben kein einheitliches Ausdrucksformat; sie können in Gestalt von Schlagwörtern und Metaphern ebenso gut wirksam werden wie in Gestalt von Argumentationsmustern. Weil diskurssemantische Grundfiguren zur epistemisch-kognitiven Grundausstattung von Sprachbenutzerinnen und Sprachbenutzern gehören, wird ihr semantischer Gehalt in der Regel nicht vollständig expliziert; vielmehr wird er vorausgesetzt und von SprachbenutzerInnen erschlossen. Diskurssemantische Grundfiguren sind mithin nicht bzw. nicht in Gänze mit Mitteln der quantitativen Korpusanalyse ermittelbar und beschreibbar. Es gehört zu ihrer konstitutiven Eigenschaft, auf einer semantischen „Tiefenebene" wirksam zu sein, die sich zwar nicht dem verstehenden Zugriff verschließt, aber einem allein an der sprachlichen Oberfläche (d.h. an sprachlichen Formen) orientierten Ansatz deswegen weitgehend entzieht, weil dieser sich nicht auf inferentielle Prozesse der Texterschließung und -interpretation zu richten vermag.

Für das Beispiel *Globalisierung* heißt das konkret: Der Ausdruck fungiert dann als eine diskurssemantische Grundfigur, wenn sich sowohl bestimmte lexikalische Bedeutungen als auch argumentative Verwendungsweisen derart eingeschliffen haben, dass sie im öffentlichen Sprachgebrauch präsupponiert werden können. Diesen Wissenskonnex zwischen der lexikalischen Semantik und dem argumentativen Gebrauch von *Globalisierung* analytisch aufzuzeigen, ist eines der zentralen Ziele meiner interpretativen, korpusbasierten Frame- und Argumentationsmuster-Analyse in Abschnitt 3. Sie visiert somit weniger den durch *Globalisierung* evozierten Frame an als das, was Charles Fillmore (1985, 232) einmal „invoziertes" („invoked") Wissen genannt hat: Hintergrundwissen, das verstehensrelevant wird, „when the interpreter, in trying to make sense of a text segment, is able to assign it an interpretation by situating its content in a pattern that is known independently of the text".[2] Derartiges Wissen, das unabhängig vom Text gewusst wird und sich als verstehensrelevant erweist, bildet den typischen Gegenstand von qualitativ-korpusbasierten Analysen. Epistemologisch gesehen zielt es auf eine semantische „Tiefenebene" (im Sinne von Busse 2000, 49-51), die allein mit der Bestimmung relativer Auftretenshäufigkeiten von sprachlichen Einheiten – also der Maßeinheit eines korpusgetriebenen („corpus-driven") Ansatzes – nicht zugänglich sind.

Vieles spricht dafür, *Globalisierung* den Status einer diskurssemantischen Grundfigur zuzusprechen. So werden zahlreiche Bedeutungsaspekte, die in der Summe das Globalisierungs-Konzept ausmachen, in Texten oftmals nicht eigens thematisiert, sondern bleiben vielmehr nur implizit und sind somit auf einer textuellen „Tiefenebene" verortet. Dies gilt, wie sich im Folgenden zeigen wird, nicht nur für die lexikalische Bedeutung von *Globalisierung*, sondern auch hinsichtlich des argumentativen Gebrauchs des Lexems.

Weiterhin ist das Theorem der diskurssemantischen Grundfigur relevant, weil es erlaubt, verschiedene Ausdrucksformate und Funktionen desselben (oder zumindest eines ähnlichen) Konzeptes integrativ zu betrachten und

---

2 Vgl. zur Unterscheidung von „evozierten" und „invozierten" Frames auch Busse 2012, 203-209, Ziem 2008a, 231-238. Um zu verdeutlichen, was es heißt, ein Frame werde invoziert, greift Fillmore auf folgendes Beispiel von Minsky 1975 zurück: ‚Mary was invited to Jack's party. She wondered if he would like a kite'. Obwohl der Ausdruck birthday nicht vorkommt, invoziert dieser Textausschnitt den Geburtstags-Frame.

zu analysieren. Gerade eine solche Vielgestaltigkeit auf der Ausdrucksebene scheint im Fall von *Globalisierung* gegeben zu sein. So wird der Ausdruck gleichermaßen als Schlagwort, Metapher, Kollektivsymbol (im Sinne von Link/Link-Heer 1994) und auch als zentraler Bestandteil eines Arguments bzw., auf der Type-Ebene, eines Argumentationsmusters benutzt. Wengeler (2005, 50) hebt in diesem Zusammenhang die Möglichkeit hervor, dass sich die Ergebnisse einer ineinander verschränkten Topos- und lexikalisch-semantischen Analyse komplementär ergänzen,

> so dass sich etwa Aussagen darüber machen ließen, mit welchen materiell-sprachlichen Mitteln bestimmte Argumentationsmuster bevorzugt realisiert werden, wie also Argumentationsmuster mit bestimmten Schlüsselwörtern oder Metaphern Wirklichkeit konstruieren oder wie die wirklichkeitskonstitutive Leistung von Schlüsselwörtern erst im Rahmen ihrer Funktion in Argumentationszusammenhängen angemessen erfasst werden kann.

In diesem Sinne liegt also eine diskurssemantische Grundfigur dann vor, wenn ein Argumentationsmuster wiederkehrend mit einem bestimmten Schlüsselwort oder einer bestimmten Metapher realisiert wird oder wenn umgekehrt ein bestimmtes Schlüsselwort oder eine bestimmte Metapher rekurrent dasselbe Argumentationsmuster bedient.

Welche Kriterien müssen erfüllt sein, damit man von einer diskurssemantischen Grundfigur sprechen kann? Mit Blick auf die korpusanalytische Operationalisierung ist zu beachten, dass Diskurselemente nur unter bestimmten Bedingungen den Status diskurssemantischer Grundfiguren erlangen.[3] Zum einen muss auf diese Elemente innerhalb eines diskursiven Zusammenhangs häufig metasprachlich Bezug genommen werden. Bereits in den Düsseldorfer diskurshistorisch ausgerichteten Arbeiten war dies das zentrale Kriterium dafür, öffentlich brisante und mithin relevante sprachliche Ausdrücke in einem Diskursbereich zu identifizieren (Stötzel 1995, Wengeler 1996). Zum anderen muss das Diskurselement darüber hinaus so frequent auftreten, dass es sich konsolidiert und es SprachbenutzerInnen so möglich ist, den konzeptuellen Gehalt aus dem Langzeitgedächtnis abzurufen.[4]

Anknüpfend an die bislang dargelegten theoretischen Erläuterungen soll im Folgenden am Beispiel von *Globalisierung* der Frage nachgegangen werden, inwiefern eine integrative Untersuchung von Argumentationsmustern und lexikalischen Bedeutungsmustern Aufschluss über die spezifische

3 Vgl. hierzu meine ausführliche Darstellung in Ziem 2008a, 395-405.

4 Solche Verfestigungen konzeptueller Gehalte durch den Sprachgebrauch werden in der kognitiven Linguistik im Zusammenhang mit dem so genannten Prinzip des *entrenchment* diskutiert, das besagt, dass die Frequenz der Verarbeitung einer sprachlichen Struktur mit dem Grad ihrer kognitiven Zugänglichkeit korreliert, vgl. etwa Langacker 1991, 45.

Verwendung des Ausdrucks *Globalisierung* in spezifischen diskursiven Zusammenhängen erlaubt.

3 Vom lexikalischen Wissen zum argumentativen Gebrauch: *Globalisierung* in Attac-Texten

3.1 Das Textkorpus

Der diskursive Zusammenhang, auf den ich mich konzentrieren möchte, wird maßgeblich durch die Sprecherposition bestimmt, die der Diskursakteur Attac im Rahmen aktueller Krisen-Diskurse einnimmt. *Attac* ist ein Akronym für die sperrige, aus dem Französischen übersetzte Bezeichnung „Vereinigung zur Besteuerung von Finanztransaktionen im Interesse der BürgerInnen". 1998 in Frankreich gegründet, ist Attac in der letzten Dekade zu einer der politisch einflussreichsten außerparlamentarischen Vereinigungen geworden. Mit 90.000 Mitgliedern in 50 Ländern[5] bildet Attac ein Netzwerk, dessen Ziel inzwischen nicht mehr allein darin besteht, Börsenspekulationen durch die Einführung von Steuern einzudämmen (wie es das Akronym nahe legt); Attac begreift sich vielmehr als eine globalisierungskritische Gruppierung, die sich gegen alle Formen „neoliberaler Globalisierung"[6] richtet, die weltweit die Lebensbedingungen von Menschen verschlechtere sowie Selbstbestimmung, Demokratie und Umweltschutz zunehmend gefährde. Das Netzwerk Attac hat nicht nur den Begriff der Globalisierung in die politische Debatte eingebracht – es hat seine Bedeutung auch nachhaltig geprägt (vgl. Angermüller 2011; Hermanns 2003).

Den wichtigsten semantischen Prägungen soll im Folgenden in zentralen Attac-Texten nachgespürt werden. Die empirische Basis dafür bildet ein Korpus, das aus Texten besteht, in denen Attac zu Globalisierungsphänomenen explizit Stellung bezieht. Auf ihrer Website sind dies die folgenden von Attac so benannten Themenfelder:[7] (1) „Globalisierung", (2) „globalisierungskritische Bewegung", (3) „Globalisierung und Ökologie" sowie (4) „Globalisierung und Krieg". Darüber hinaus wurden Texte hinzugezogen, in denen das Netzwerk sein Selbstverständnis erläutert.[8] Allen Texten ist das Bemühen gemeinsam, das abstrakte Referenzobjekt, auf das *Globalisierung* Bezug nimmt, in konkreten thematischen Zusammenhängen

---

5 So lauten zumindest die offiziellen Zahlen von Attac selbst, vgl. http://www.attac.de/was-ist-attac/selbstverstaendnis/, Stand: 11. August 2014.

6 So heißt es ebenfalls in der Erklärung ihres Selbstverständnisses auf der Website.

7 Vgl. www.attac.de, Stand: 11. August 2014.

8 Vgl. www.attac.de/was-ist-attac sowie das 2002 von Attac und Publik Forum herausgegebene Dossier *Globalisierung*.

zu charakterisieren. Dies geschieht zwar selten in definitorischen Festlegungen des denotierten Begriffsgehalts, da innerhalb des Netzwerkes offenkundig ein als unstrittig angenommenes semantisches Vorverständnis präsupponiert wird. Der Mangel an metasprachlichen Thematisierungen wird jedoch durch eine Vielzahl von so genannten expliziten und quasiexpliziten Prädikationen (vgl. hierzu Ziem 2008a, 325-335) der folgenden Art kompensiert:

(3) „Globalisierung ist kein Schicksal";
(4) „Globalisierung, die neoliberal dominiert [...] ist";
(5) „ökonomische Globalisierung";
(6) „Globalisierung mit innenpolitischen Problemen".[9]

Hat (3) bereits die Form einer Proposition, deren Referenzobjekt Globalisierung ist, handelt es sich dagegen in den Beispielen (4) bis (6) um quasiexplizite Prädikationen. Sie lassen sich ohne weiteres in die Form einer expliziten Prädikation umwandeln, so (4) in die Form „Globalisierung ist neoliberal dominiert", (5) in „Globalisierung hat eine ökonomische Dimension" und (6) in „Globalisierung steht in Zusammenhang mit innenpolitischen Problemen". Trotz der wenigen expliziten Thematisierungen der Bedeutung von *Globalisierung* darf aufgrund solcher mannigfaltigen Bestimmungen von *Globalisierung* also mit Fug und Recht davon ausgegangen werden, dass dieses Konzept einen zentralen Stellenwert für das gesellschaftliche Engagement von Attac einnimmt. Die eng mit der Position von Attac im diskursiven Feld zusammenhängende semantische Aufladung und argumentative Nutzung von *Globalisierung* machen den Begriff zu einer diskurssemantischen Grundfigur par excellence. Bevor ich auf die argumentative Funktion zu sprechen komme, stehen im nächsten Abschnitt zunächst lexikalisch-semantische Aspekte im Mittelpunkt.

3.2 Der Frame *Globalisierung*: korpuslinguistisches Verfahren und qualitative Auswertungen

Was bedeutet *Globalisierung*? Es dürfte außer Frage stehen, dass sich die Bedeutung dieses „Weltschlagwortes" in dem Maße ändert, wie die ideologische Position des Sprachbenutzers oder der Sprachbenutzerin variiert. Und doch lassen sich einige semantische Kontinuitäten aufzeigen, die unabhängig von der diskursiven Vereinnahmung und der ideologischen Posi-

9 Der erste Beleg entstammt der gleichnamigen Rubrik, vgl. http://www.attac.de/was-ist-attac/. Die Belege (4) bis (6) sind dem Text „Das Selbstverständnis von Attac. Zwischen Netzwerk, NGO und Bewegung – 8 Thesen" entnommen, vgl. http://www.attac.de/fileadmin/user_upload/bundesebene/attac-strukturen/Attac_Selbstverstaendnis.pdf, Stand: 11. August 2014.

tion im diskursiven Feld Bestand zu haben scheinen. So haben Kollokationsanalysen auf der Basis des Textkorpus Cosmas II, das das Mannheimer Institut für deutsche Sprache bereitstellt, ergeben, dass der Ausdruck „einen gegenwärtigen Prozess oder Zustand bezeichnet, der das jetzige Zeitalter entscheidend prägt" (Storjohann 2007, 143; vgl. auch Hermanns 2003, 411), sei es in wirtschaftlicher, politischer, gesellschaftlicher oder technologischer Hinsicht. Hermanns (2003, 410f.) ergänzt, dass *Globalisierung* nicht nur ein diagnostischer, sondern ebenso ein Erwartungsbegriff sei, der sich auf zukünftige, erwartbare Entwicklungen richtet. Dabei scheint es insbesondere der Verweis auf den Prozess der territorialen Ausdehnung zu sein, der den semantischen Kerngehalt ausmacht.[10]

Vor dem Hintergrund dieser Bedeutungsbestimmungen, die diskursübergreifend Geltung zu haben scheinen, möchte ich mich im Folgenden nur auf einige wesentliche Bedeutungsakzentuierungen konzentrieren, die sich in den Texten der globalisierungskritischen Organisation Attac abzeichnen. Dabei wird die Bedeutung der symbolischen Einheit *Globalisierung* als ein Frame verstanden, den die Ausdrucksseite der symbolischen Einheit aufruft und den die Inhaltsseite derselben Einheit strukturiert.[11] Das gewählte korpusbasierte Verfahren zur Analyse des Globalisierungs-Frames basiert auf einem dreischrittigen Vorgehen, das ich andernorts entwickelt habe (Ziem 2008a, 406-421):

- Identifizierung der Token und Prädikationsanalyse: In einem ersten Schritt sind im Textkorpus die Token des Lexems Globalisierung zu identifizieren und so zu extrahieren, dass alle prädikativen Zuschreibungen erfasst werden, die sich auf das Referenzobjekt „Globalisierung" richten. In der Regel reicht es aus, zwei Sätze vor und nach dem Satz zu berücksichtigen, in dem Globalisierung auftritt.
- Ermittlung der Prädikationstypen: In einem zweiten Schritt dient die so genannte „Hyperonymtypenreduktion" (Konerding 1993, 181-201) dazu, die Prädikationstypen zu ermitteln, die durch den Gebrauch des Globalisierungskonzeptes verfügbar gemacht werden können.[12] Mit-

10 Vgl. in diesem Zusammenhang Stiglitz 2002, 24, der Globalisierung beschreibt als „engere Verflechtung von Ländern und Völkern der Welt, die durch die enorme Senkung der Transport- und Kommunikationskosten herbeigeführt wurde, und die Beseitigung künstlicher Schranken für den ungehinderten grenzüberschreitenden Strom von Gütern, Dienstleistungen, Kapital, Wissen und (in geringerem Grad) Menschen."

11 Vgl. hierzu meine ausführliche Darstellung des Ansatzes in Ziem 2008a. Eine Zusammenfassung der frame-basierten Untersuchung der metaphorischen Bezeichnung von Finanzinvestoren als *Heuschrecken* findet sich in Ziem 2008b.

12 Eine ausführliche Darstellung und Erläuterung findet sich in Ziem 2008a, 308-318, 412-418. Ohne hier auf Details eingehen zu können, besteht die Grundidee darin, das höchste Hyeronym des in Frage stehenden Ausdrucks deshalb zu ermitteln, weil dieses alle Prädikationstypen (Leerstellen) auf seine Hyponyme vererbt. Ist also einmal das höchste Hy-

hilfe der Prädikationstypen kann bestimmt werden, auf welche Bedeutungsaspekte die im ersten Schritt ermittelten Prädikate wiederholt Bezug nehmen.

- Klassifizierung der Prädikate: Schließlich gilt es, die im ersten Schritt ermittelten Prädikate den Prädikationstypen zuzuweisen, um quantitativ gestützte Aussagen darüber fällen zu können, welche Bedeutungsaspekte innerhalb des untersuchten Textkorpus besonders frequent auftreten und mithin besonders relevant sind.

Alternativ zu diesem Verfahren, das auf Matrixframes (im Sinne von Konerding 1993) für die semantische Annotation und Analyse des Prädikationspotentials von *Globalisierung* zurückgreift, lassen sich lexikalisch-semantische Prägungen ebenso gut mithilfe von Frames untersuchen, die der Berkeleyer FrameNet-Datenbank zugrunde liegen (vgl. zu einem solchen Vorgehen etwa Scholz/Ziem 2013).[13]

Bei der Durchführung des zweiten Schrittes, also der Ermittlung von Prädikationstypen, kommt das Problem auf, dass die Hyperonymtypenreduktion zu keinem klaren Ergebnis kommt. Denn im Fall von *Globalisierung* sind sowohl *Ereignis* als auch *Zustand* als höchste Hyperonyme (im Sinne von Konerding 1993) möglich.[14] Je nachdem, ob *Globalisierung* also als ein Ereignis oder als ein Zustand konzeptualisiert wird, ändert sich die Leerstellenstruktur des Frames, den der Ausdruck *Globalisierung* aufruft. Mit Blick auf das Korpus erweist sich diese Schwierigkeit jedoch aus folgendem Grund als wenig gravierend: Welche der beiden Konzeptualisierungsvarianten gewählt wird, ist nicht beliebig, sondern maßgeblich abhängig vom ideologischen Standpunkt des Sprachbenutzers im diskursiven Feld. Im Fall von Attac widerspricht es dem Selbstverständnis der Organisation, Globalisierung als einen Zustand zu begreifen; entscheidend ist stattdessen das historische, prozesshafte und mithin kontingente und veränderbare Moment von Globalisierung. Es verwundert deshalb nicht, dass Attac – im Zusammenhang mit der Erläuterung ihres Selbstverständnisses – Globalisierung ausdrücklich als ein Ereignis und einen Prozess charakterisiert, in den aktiv einzugreifen ist:

---

peronym identifiziert, stehen für die empirische Analyse zugleich alle Prädikationstypen zur Verfügung.

13 https://framenet.icsi.berkeley.edu/, Stand: 11. August 2014. Auch in der FrameNet-Datenbank findet sich ein Frame Ereignis (*event*), dessen Frame-Elemente (d.h. die empirisch ermittelten semantischen Rollen) als Annotationskategorien dienen können. Zu konzeptionellen und methodologischen Unterschieden zwischen Frames in FrameNet und Matrixframes vgl. Ziem 2013 und Ziem 2014.

14 Diese Mehrdeutigkeit ist in dem Derivationssuffix *-ung* angelegt, das zwar zunächst das prozesshafte Moment betont, jedoch auch – metonymisch verschoben – das Resultat des Prozesses profilieren kann, vgl. Beispiele wie *Registrierung, Darstellung, Sanierung* usw.

> Die Behauptung, Globalisierung in ihrer jetzt herrschenden, neoliberalen Form sei ein alternativer Sachzwang, ist reine Ideologie. Wir setzen dem unsere Vorstellung von Globalisierung entgegen: Solidarität von unten. Eine andere Welt ist möglich.[15]

Sind also für die Korpusanalyse die Prädikationstypen des Hyperonyms *Ereignis* anzusetzen, erweisen sich nach der Durchführung des zweiten Analyseschritts nur einige wenige Prädikationstypen als besonders relevant.[16] Sie sind in Tabelle 1 zusammengefasst und mit einigen typischen Prädikaten aus dem Textkorpus belegt und illustriert. Der Grundidee folgend, dass die Bedeutung eines sprachlichen Ausdrucks maßgeblich dadurch bestimmt ist, welche Prädikate dem Referenzobjekt rekurrent zugeschrieben werden, gibt Tabelle 1 Aufschluss darüber, welche semantischen Prägungen das Konzept der Globalisierung bei Attac erfährt.

Die Prädikationstypen und zugeordneten Prädikate sind in Tabelle 1 nach fallender Auftretensfrequenz geordnet. Demnach spielen zwei Prädikationstypen im Textkorpus eine besonders zentrale Rolle. Im Mittelpunkt steht erstens die Thematisierung der Folgen, die der Globalisierungsprozess mit sich bringt. Im Korpus sind, abgesehen von wenigen Ausnahmen, nur negative Folgen belegt. Dass positive Globalisierungseffekte systematisch ausgeblendet werden, dürfte aufgrund der Positionierung Attacs im diskursiven Feld kaum verwundern. Negative Konsequenzen sind dagegen in einer Vielzahl benannt. Sie betreffen neben allgemein-politischen Aspekten (wie Untergrabung von Demokratie) ebenso wirtschaftliche Faktoren (Begünstigung transnationaler Konzerne etc.) sowie sozial-politische Konsequenzen (z.B. Verschärfung von sozialer Ungleichheit).

Die vielseitige Thematisierung der Folgen trägt dazu bei, der Bedeutung von *Globalisierung* eine deontische Dimension (im Sinn von Hermanns 1986; 1989, 73f.) zu verleihen: In dem untersuchten Gebrauch des Ausdrucks schwingt unterschwellig stets der Imperativ mit, aktuellen Globalisierungstendenzen etwas entgegensetzen zu müssen.[17] Anders ausgedrückt: Wenn in Attac-Texten *Globalisierung* verwendet wird, erfüllt dies nicht nur eine zeitdiagnostische Funktion; die in der lexikalischen Bedeutung angelegte Zeitdiagnose ist zugleich ein leidenschaftlicher Appell, die Entwicklungen zu verändern, und dies ist nicht weniger Teil der Wortbedeutung. Der Appell kann aber nur Gehör finden, wenn auch Aussicht auf

---

15 Vgl. www.attac.de/was-ist-attac/selbstverstaendnis/, Stand: 11. August 2014. Nicht von ungefähr ist „Eine andere Welt ist möglich!" der Leitspruch der ganzen Bewegung.

16 Die vollständige Liste aller möglichen Prädikationstypen findet sich in Konerding 1993, 435-443.

17 In Attacs werbewirksamer Maxime „Eine andere Welt ist möglich!" wird der Aufruf zur Veränderung transparent. Eine ähnliche deontische Dimension ist in der Attac'schen Verwendungsweise des Globalisierungsbegriffes angelegt und wird durch diese verstärkt.

Erfolg besteht. Tatsächlich finden sich im Korpus zahlreiche Belegstellen, die deutlich machen, dass Globalisierung zwar als ein kaum rückgängig zu machendes Phänomen gilt, dessen Entwicklungsrichtung sich aber sehr wohl beeinflussen lasse. Obwohl die Institutionen und Organisationen, gegen die

Prädikationstypen zur Charakterisierung …	**prototypische Prädikate im Korpus**
• … der verschiedenen Folgen, die G. für den Menschen haben kann	• zeichnet sich aus durch gewaltsame Durchsetzung des Rechts des Stärkeren • fördert soziale Ungleichheit • untergräbt Demokratie • verschärft wirtschaftliche Unsicherheit • stärkt Macht transnationaler Konzerne • verkürzt unseren Zeithorizont • führt zur politischen Destabilisierung • ist Grund für Gewalt, Krieg und Terrorismus
• … der wesentlichen Mitspieler, die in der G. eine Rolle spielen	• geht von internationalen Finanzinstitutionen aus • betrifft große Medien • wird vorangetrieben durch große Industrieländer • Internationaler Währungsfonds • Weltbank • Welthandelsorganisation
• … der wesentlichen Eigenschaften, durch die die Mitspieler gekennzeichnet sind	• ist eine Sache der Mächtigen • ist neoliberal geprägt
• … der Bedingungen, unter denen sich G. charakteristisch verändert	• ist nicht alternativlos, schicksalhaft • kann gestaltet werden
• … der verschiedenen Zustände oder weiteren Ereignisse, in die G. resultieren kann	• kann ökologisch und sozial sein • bringt keinen Wohlstand
• … des übergeordneten Zusammenhangs	• betrifft den Finanzmarktkapitalismus • betrifft die Weltwirtschaft
• … der wesentlichen Teilergebnisse oder Eigenschaften, die G. aufweist	• ist einseitig auf wirtschaftliche Interessen ausgerichtet • hat viele Verlierer, wenige Gewinner
• … der Bedeutung, die G. für den Menschen hat	• ist ein Umbruch von historischer Dimension

Tab. 1: Zentrale Prädikationstypen und Prädikate des Globalisierungs-Frames in Attac-Texten

sich die Kritik Attacs richtet, als „mächtig“ charakterisiert werden und aufgrund ihrer „neoliberalen“ und „einseitigen Ausrichtung auf wirtschaftliche Interessen“ die Gefahr gesehen wird, einen neuen Nährboden für „Gewalt, Krieg und Terrorismus“ zu schaffen sowie die Spaltung der Welt in „viele Verlierer und wenige Gewinner“ voranzutreiben, gelten diese Tendenzen nicht als „alternativlos“ oder „schicksalhaft“.

Charakteristisch ist zweitens, dass Attac mit dem Ausdruck *Globalisierung* rekurrent auf beteiligte Personen bzw. Personengruppen, Nationen, Konzerne und Organisationen Bezug nimmt, die an den Veränderungsprozessen beteiligt sind. Auch hier ist eine einseitige Fokussierung kennzeichnend. Denn in den Blick geraten weniger die Betroffenen als die ‚Motoren‘ der Globalisierung. Neben internationalen Finanzinstitutionen werden wiederholt globale Organisationen wie die Weltbank, der Internationale Währungsfonds und Welthandelsorganisationen, aber auch (Massen-)Medien mit überregionaler Strahlkraft genannt. Die vornehmlich gegen solche Institutionen und Organisationen gerichtete Kritik Attacs trägt einen wichtigen Teil zur Identitätsbildung Attacs bei.

Interessant ist zudem zu sehen, welche Prädikationstypen in den untersuchten Attac-Texten nicht bzw. mit nur so wenigen Prädikaten bedient wurden, dass sie keine wichtige Rolle spielen und deshalb in Tabelle 1 nicht erfasst sind. So finden sich zum einen keine Spezifizierungen der zeitlichen Dimension. Offensichtlich wird Globalisierung als offener Prozess ohne benennbaren Anfangs- und Endpunkt verstanden; auch zwischen verschiedenen Phasen wird nicht unterschieden. Ferner fällt auf, dass die Entstehungsumstände nicht thematisiert werden. Gerade diese zu identifizieren und zu debattieren läge aber für eine Organisation nahe, die sich zur Aufgabe gemacht hat, eine Welt zu gestalten, die den aktuellen Globalisierungstendenzen entgegentritt.

Insgesamt weist die Inhaltseite der symbolischen Einheit „Globalisierung“ eine komplexe Struktur auf. Der aufgerufene Frame macht Wissen verfügbar, das deskriptive und deontische Aspekte gleichermaßen umfasst. Diese beiden Bedeutungsdimensionen sind insofern eng miteinander verzahnt, als der Aufruf zur aktiven Veränderung sich aus der Beschreibung der Folgen und Organisationen bzw. Institutionen ergibt, die den aktuellen Globalisierungsprozess maßgeblich bestimmen. Hierbei handelt es sich um Ergebnisse, die einer inhaltlichen, gleichsam „dichten“ Analyse des Untersuchungskorpus entspringen. Ganz abgesehen davon, dass ein quantitativer Zugang zu dem hier zugrunde liegenden kleinen Korpus kaum sinnvoll wäre, könnten hohe Auftretenshäufigkeiten von Prädikaten eines bestimmten Prädikationstyps allenfalls Indikatoren für semantische Prägungen sein; feinkörnigere Beobachtungen (etwa zum deontischen Bedeutungspotential) basieren dagegen auf einer qualitativ-interpretativen Datenauswertung.

3.3 Mit *Globalisierung* argumentieren: qualitativ-interpretative Auswertungen von Argumentationsmustern

Es liegt auf der Hand, dass in konkreten textuellen Einbettungsstrukturen lexikalische Bedeutungen zwar analytisch, nicht aber phänomenal von ihrem argumentativen Gebrauch getrennt werden können. Der intrinsische Zusammenhang von Argumentationsmustern und lexikalischen Bedeutungsmustern lässt sich generell daran erkennen, dass einerseits lexikalische Bedeutungen ihre diskursive und kommunikative Wirksamkeit erst in argumentativer Funktion erfüllen, andererseits aber Argumente ohne den semantischen Beitrag ihrer lexikalischen Bestandteile leer bleiben. Im Fall von *Globalisierung* wird dies besonders an den thematisierten deontischen Bedeutungsaspekten deutlich. Solche lexikalischen Bedeutungsaspekte mit Appellfunktion sind gleichsam lexikalisierte direktive Sprechakte. Um wirksam zu sein, also in performativer Hinsicht zu gelingen, sind direktive Sprechakte aber auf argumentative Stützung angewiesen. So dürfte der Appell, den aktuellen Globalisierungstendenzen etwas entgegenzusetzen, nur dann Gehör finden, wenn zumindest implizit Gründe angegeben oder angenommen werden, warum diese Konklusion gezogen werden soll. Die Angabe von Gründen erfolgt dabei typischerweise in assertiven Sprechakten, die als Prämissen für die Schlussfolgerung fungieren. Sie stützen und motivieren den Appell (also die Konklusion einer Argumentation). Es besteht somit insofern ein äußerst enger Zusammenhang zwischen lexikalischer Bedeutung und argumentativem Gebrauch, als deontische Bedeutungsaspekte in explizierter Gestalt die Form eines direktiven Sprechaktes annehmen, dessen Wirksamkeit auf Prämissen angewiesen ist, die von TextrezipientInnen geteilt werden müssen.

Wie aber werden die im letzten Abschnitt herausgearbeiteten dominanten Bedeutungsaspekte von *Globalisierung* in Attac-Texten argumentativ vereinnahmt? Lassen sich Argumentationsmuster ausmachen, die maßgeblich auf diese Bedeutungsaspekte angewiesen sind? Und sind es bestimmte Argumentationsmuster, die mit der lexikalischen Bedeutung von *Globalisierung* verknüpft sind? Die zur Beantwortung dieser Fragen durchgeführte Analyse des Textkorpus orientiert sich, wie bereits angedeutet, an Wengelers (2003, 48) Vorschlag, den Blick auf kontextspezifische Argumentationsmuster zu richten, die thematisch spezifiziert, aber noch an allgemeine, rein formale Muster angelehnt sind. Werden Argumentationsmuster – oder Topoi, wie die antike Rhetorik jene „Orte" nennt, an denen Argumente auftreten – auch sprachlich unterschiedlich realisiert, gleichen sie sich doch insofern, als sie mit ähnlichen Mitteln auf vergleichbare Sachverhalte Bezug nehmen. In der Analyse kommt es deshalb darauf an, wiederkehrende argumentative Strategien (Muster) zu erkennen und ihnen die benutzten

Argumente zuzuweisen. Von besonderem Interesse ist dabei die Verknüpfung argumentativer Strategien mit dem Begriff *Globalisierung*.

Die Bestimmung und Auswertung der Argumentationsmuster erfolgt abermals in einem dreischrittigen Verfahren, das für ein qualitativ-korpusbasiertes Vorgehen typisch ist:

- Heuristische Bestimmung von Argumentationsmustern: Zunächst sind nach inhaltlichen Gesichtspunkten die argumentativen Funktionen zu bestimmen, die jene Propositionen erfüllen, die Globalisierung als einen Bestandteil enthalten.[18] Dabei ist zu beachten, dass diese Propositionen entweder als Prämisse oder als Konklusion eines komplexen Schlussprozesses fungieren können. Treten bestimmte argumentative Funktionen wiederholt auf, ist dies ein erstes Indiz dafür, dass es sich hierbei möglicherweise um ein Argumentationsmuster handelt.
- Klassifizierung der Argumente: Im Weiteren gilt es, alle sprachlich realisierten Argumente den Argumentationsmustern zuzuweisen, die im ersten Schritt nur heuristisch bestimmt wurden. Dabei zeigt sich in der Regel, dass nicht alle Argumente mit den bislang angesetzten Argumentationsmustern erfasst werden können.
- Modifikation und Erweiterung der Argumentationsmuster: Ausgehend von den faktisch realisierten Argumenten ist die im ersten Schritt erstellte Liste von Argumentationsmustern so zu modifizieren und zu erweitern, dass alle Argumente (mit Globalisierung als Bestandteil) im Textkorpus abgedeckt sind.

Insgesamt sind es drei Argumentationsmuster, die im untersuchten Textkorpus eine herausgehobene Rolle spielen. Sie lassen sich idealtypisch wie folgt beschreiben:

(7) *Gefahren-Topos*: Weil die Globalisierung in ihrer jetzigen Form eine Gefahr für das Klima und für ganze Gesellschaften darstellt, muss man ihr etwas entgegensetzen.

(8) *Topos der gemeinsamen Vision*: Weil die aktuellen Globalisierungstendenzen in vielerlei Hinsicht negative Konsequenzen haben, ist eine gemeinsame Vision für eine andere Zukunft zu entwickeln.

(9) *Ungerechtigkeits-Topos*: Um mehr Gerechtigkeit zu realisieren, ist es nötig, dass nicht nur große Finanzinstitutionen und andere mächtige Organisationen von der Globalisierung profitieren.

Daneben sind im Textkorpus weitere Argumentationsmuster realisiert; keines davon erfüllt allerdings eine ähnlich dominante argumentative Funktion wie in (7), (8) und (9). So sind zwar beispielsweise drei Argumen-

18 *Globalisierung* kann in diesen Propositionen entweder als Referenzobjekt oder als Teil des Prädikats auftreten.

te als Ausprägungen des Antifatalismus-Topos zu werten; in diesen wird aus der Feststellung, dass Globalisierung kein Schicksal sei, die Notwendigkeit der Veränderung abgeleitet. Anders als (7), (8) und (9) tritt dieses Argument aber nur sehr verstreut auf.

Wie ein roter Faden zieht sich hingegen der Gefahren-Topos durch alle Texte des Korpus. Eine prototypische Ausprägung dieses Argumentationsmusters liegt vor, wenn es etwa an verschiedenen Stellen heißt, dass „neoliberale Globalisierung" zwangsläufig zum „Anschwellen der globalen Verkehrsströme", zu „mehr Kriegen", „Klimabelastungen" und einer „einseitigen Belastung" der Mittel- und Unterschicht und anderen Gefahren führe. Auffällig ist, dass mit dem Gefahren-Topos der gleiche Wissensaspekt in argumentativer Hinsicht dominiert, der sich schon bei der Analyse von *Globalisierung* auf der lexikalisch-semantischen Ebene als zentral erwies: die Thematisierung der negativen Folgen, die Attac zufolge durch aktuelle Globalisierungstendenzen herbeigeführt werden (vgl. Tabelle 1, zweite Spalte).

Ähnliches gilt sowohl für den Topos der gemeinsamen Vision als auch für den Ungerechtigkeits-Topos. Beide treten häufig auf und werden durch ganz verschiedene Argumente realisiert. Der Topos der gemeinsamen Vision wird meist als Konklusion, nur selten als Prämisse realisiert.[19] Seine Funktion besteht darin, der aktuellen Gestalt von Globalisierung etwas Konkretes entgegenzusetzen. Zudem trägt er dazu bei, die Einheit eines kollektiven „Wir" zu konstruieren, so etwa dann, wenn eine „gemeinsame Vision der Globalisierung" beschworen oder eine „Globalisierung von Umweltschutz und Gerechtigkeit" in Aussicht gestellt wird. Solche gemeinsamen Visionen verleihen der heterogenen Gruppe der Globalisierungsgegner eine eigene Identität. Die abstrakte Funktion des Argumentationsmusters steht in einem komplementären Zusammenhang mit jenem dominanten Bedeutungsaspekt von *Globalisierung*, der die Charakterisierung der Verursacher aktueller Globalisierungstendenzen, insbesondere internationale Finanzinstitutionen, Medien und internationale Organisationen, betrifft (vgl. Tabelle 1). Auch die Kritik an diesen Institutionen und Organisationen dient der Identitätsbildung.

Der Ungerechtigkeits-Topos ist schließlich immer dort wirksam, wo es um bestimmte negative Konsequenzen der Globalisierung geht. Diese betreffen, der typischen Argumentation von Attac zufolge, insbesondere die gesellschaftlich unterprivilegierte Bevölkerungsschicht und die Mittel-

---

19 So etwa im Folgenden prototypischen Fall: „Diesem Unfug [gemeint ist der Neoliberalismus, AZ] müssen die Bewegungen eine gemeinsame Vision der Globalisierung und Europäisierung sozialer und ökologischer Rechte entgegensetzen." Sven Giegold/Daniel Mittler: „Im Zeichen des Feldhamsters"; http://www.attac-netzwerk.de/?id=1761/, Stand: 11. Januar 2014.

schicht. In der Folge kann Globalisierung, zumindest in der vorherrschenden Form, als ungerecht bewertet werden. Dabei manifestiert sich der Ungerechtigkeits-Topos in Argumenten wie diesem: „Die neoliberale Globalisierung hat sehr viele Verlierer und nur wenige Gewinner hervorgebracht."[20] Auch der Ungerechtigkeits-Topos steht in einer engen Beziehung zu dominanten Bedeutungsaspekten von *Globalisierung*: Hat sich gezeigt, dass Attac mit dem Globalisierungsbegriff vor allem die negativen Konsequenzen der aktuellen Globalisierung brandmarkt, dient dies dazu, den Ungerechtigkeits-Topos zusätzlich zu stützen. Prädikative Zuschreibungen wie „zeichnet sich aus durch gewaltsame Durchsetzung des Rechts des Stärkeren", „fördert soziale Ungleichheit" oder „untergräbt Demokratie" (vgl. Tabelle 1) fungieren gleichsam als Belege für den Topos.

Über die analysierten Einzelaspekte hinaus besteht ein konstitutives Merkmal aller drei Topoi in einem deontischen Aspekt; realisiert ist dieser stets in den Konklusionen, die in der Gestalt indirekt realisierter direktiver Sprechakte auftreten. Dass dieser deontische Aspekt bereits in der lexikalischen Bedeutung von *Globalisierung* angelegt ist, dürfte kein Zufall sein. Denn so ist es möglich, dass die TextrezipientInnen die Schlussfolgerung auch dann ziehen, wenn diese sprachlich nicht realisiert ist. So etwa in folgender Textpassage:

> Nicht zufällig verläuft diese Verschärfung der Klimakrise parallel zur neoliberalen Globalisierung: Durch die Entfesselung der Finanzmärkte und den Abbau von Handelsschranken hat sich ein globalisierter Finanzmarktkapitalismus herausgebildet, der die Rendite zum alleinigen Maßstab des Handelns erhebt.[21]

Der Appell, gegen eine solche Form der „neoliberalen Globalisierung" vorzugehen, muss nicht eigens thematisiert werden, um wirksam zu sein. Im Gegenteil: Dass die Konklusion nur nahe gelegt, nicht aber realisiert wird, steigert nur ihre Dringlichkeit. Solche gleichsam impliziten – genauer: abduktiv inferierten – Konklusionen lassen sich nur mittels qualitativer Analysen erschließen. Aufgrund ihrer Implizitheit entziehen sie sich einem an der sprachlichen Form orientierten (quantitativen) Zugriff.

Festzuhalten bleibt also, dass Argumentationsmuster insofern komplexe symbolische Einheiten darstellen, als ihre Formseite (zwei Propositionen, die durch einen Konnektor in einen argumentativen Zusammenhang gebracht werden) bestimmte argumentative Funktionen erfüllen. Dabei dienen die in Attac-Texten verfestigten lexikalischen Bedeutungsaspekte von

---

20 Positionspapier der Attac-Arbeitsgruppe „Globalisierung und Krieg"; vgl. www.attac.de/themen/globalisierung-und-krieg/, Stand: 11. August 2014.

21 Sven Giegold/Chris Methmann: „Soziale Bewegung tut not", ursprünglich verfügbar über http://www.attac.de/themen/globalisierung-und-oekologie/, jetzt über http://www.taz.de/!541/, Stand: 11. August 2014.

Globalisierung dazu, die Argumentation implizit zu stützen. Ist also der Beitrag der verfestigten Bedeutungsaspekte im Kern darin zu sehen, die Argumentation plausibel zu machen, bleibt umgekehrt zu konstatieren, dass der lexikalische Gehalt fest eingebunden ist in bestimmten argumentativen Strategien, die hier mittels einer Topos-Analyse untersucht worden sind.

4 Schlussbemerkungen

Der vorliegende Beitrag hat sich zum Ziel gesetzt, am Beispiel des „Weltschlagwortes" *Globalisierung* den Nutzen einer qualitativ-interpretativen Korpusanalyse exemplarisch zu demonstrieren. In methodischer Hinsicht, so lässt sich zusammenfassend festhalten, zeichnet sich ein solcher Ansatz durch eine möglichst vollständige und umfängliche Erschließung des Datenmaterials aus, wozu in der Regel manuelle (semantische, grammatische) Annotationen, ggf. unter Einbezug des Kontextes, nötig sind. Unbestritten bleibt zwar der Nutzen und Mehrwert von quantitativen Korpusstudien, die sich kombiniert mit stärker korpusbasierten Verfahren, wie manuellen Annotationen, bisweilen gar als unersetzbar erweisen können; so macht es ein quantifizierender Zugriff beispielsweise möglich, aus großen Textkorpora kriteriengeleitet ein manuell bearbeitbares Teilkorpus zu extrahieren, oder er kann dabei helfen, aus den Ergebnissen von Frequenzanalysen Hypothesen für qualitative Detailstudien zu entwickeln (Bubenhofer 2013; Scholz/Ziem 2013, Ziem/Scholz/Römer 2013). Gleichwohl sind die Grenzen seines analytischen Zugriffs dann erreicht, wenn über relative Auftretenshäufigkeiten hinaus implizite kognitive und/oder soziale Motivationen, inferentielle Prozesse, verstehensrelevantes Hintergrundwissen – kurzum: eine semantische „Tiefenebene" (im Sinne von Busse 2000) – zum Gegenstand der Analyse werden. Zielführend kann hier nur eine „dichte", also qualitativ-interpretative Analyse sein.

Im vorliegenden Fall richtete sich die Analyse auf die argumentative Vereinnahmung der diskursiv geprägten lexikalischen Bedeutung von *Globalisierung*. Ausgangspunkt bildete die diskurssemantische Annahme, dass sich die Bedeutung eines Ausdrucks in konkreten Verwendungskontexten nur unzureichend und allenfalls provisorisch von der argumentativen Funktion trennen lässt, für die der Ausdruck vereinnahmt wird. Denn Argumente sind Sprechakte, und so, wie das Gelingen eines jeden illokutionären Aktes von dem semantischen Beitrag seiner lexikalischen Bestandteile abhängt, wird umgekehrt die Äußerungsbedeutung eines lexikalischen Ausdrucks durch den Handlungsgehalt der Proposition mit bestimmt, deren Teil der Ausdruck bildet. Im Unterschied zu anderen Studien (wie

Hermanns 2003, Storjohann 2007, Teubert 2002) wird in der vorliegenden Untersuchung deshalb der Umstand betont, dass sprachliche Bedeutungen multifaktoriell zustande kommen. Vor diesem Hintergrund habe ich argumentiert, dass eine qualitativ-korpusbasierte Bedeutungsanalyse zu semantisch „reicheren" Ergebnissen kommt, wenn sie über (korpusbasiert ermittelte) lexikalische Bedeutungsaspekte hinaus ebenso die argumentative Funktion berücksichtigt, die Wörter in konkreten Verwendungskontexten erfüllen.

Konkret hat sich am Beispiel *Globalisierung* gezeigt, dass mittels einer integrativen Untersuchung Bedeutungsaspekte in den Blick geraten, die in isolierten wortsemantischen Analysen oder „reinen" Argumentationsanalysen unbeachtet blieben. Ferner konnte die These erhärtet werden, dass *Globalisierung* als eine diskurssemantische Grundfigur (im Sinne von Busse 1997) anzusehen ist. In zeichentheoretischer Hinsicht bleibt schließlich festzuhalten, dass auch Argumentationsmuster komplexe Form-Inhaltspaare bilden, deren Zusammenspiel mit lexikalischen Bedeutungsmustern auf der Basis von Textkorpora nachgegangen werden kann. Die durchgeführte Analyse stützt somit die übergeordnete These, dass sprachliche Einheiten, insofern sie sich als verstehensrelevant erweisen, in Gestalt von symbolischen Einheiten auftreten. Dass sich mithin lexikalische Bedeutungsmuster und Argumentationsmuster im Rahmen desselben Analysemodells untersuchen lassen, zeigt nicht nur neue Perspektiven für korpusgestützte Studien des öffentlichen Sprachgebrauchs auf, sondern eröffnet für konstruktionsgrammatisch orientierte Ansätze ebenso die Möglichkeit, bislang vernachlässigte pragmatische Faktoren der Bedeutungskonstitution in die Untersuchung einzubeziehen.

Welche Konsequenzen ergeben sich aus der vorgestellten diskurssemantischen Untersuchung (und den ihr zugrunde liegenden epistemologischen Annahmen) für eine linguistisch fundierte Form der Sprachkritik? Zunächst ist festzuhalten, dass sprachliche Bedeutungen – und zwar nicht nur von Abstrakta wie *Globalisierung, Krise, Marktwirtschaft* etc. – immer schon durch ihren Gebrauch in konkreten Kontexten diskursiv geprägt sind; d.h. sie variieren von Sprachgemeinschaft zu Sprachgemeinschaft und bilden sich in Abhängigkeit von ihrer kontextuellen Einbettung heraus. Daraus leitet sich die epistemologisch wichtige Erkenntnis ab, dass solche sprachlichen Ausdrücke keinen Bezug auf Entitäten in der außersprachlichen „Wirklichkeit" nehmen, sondern vielmehr in einem hohen Maße durch den diskursiven Zusammenhang, in dem sie Verwendung finden, determiniert sind. Diskurssemantische Prägungen erweisen sich dabei nicht selten als interessegeleitet und mithin ideologisch motiviert, insbesondere (aber nicht ausschließlich) bei politischen Leitvokabeln (vgl. Böke/Liedtke/Wengeler 1996) und Stigma-/Fahnenwörtern (etwa Panagl 1998, am Beispiel von *Heu-*

schrecke: Ziem 2008b). Eine wichtige Aufgabe einer linguistisch-deskriptiv verfahrenden Sprachkritik besteht darin, solche Prägungen – idealerweise einschließlich ihrer ideologischen Motivation – aufzuzeigen. Qualitativ-interpretative Korpusanalysen können dazu das nötige analytische Rüstzeug liefern. Im Dienst einer so verstandenen Sprachkritik verfolgte auch die vorliegende Studie das Ziel, am Beispiel der Verwendung des Schlagwortes *Globalisierung* (durch Attac) *eine* mögliche Sichtweise auf die „Wirklichkeit" herauszuarbeiten. Eine solche linguistische Reflexion über den Sprachgebrauch verstehe ich im Anschluss an Kilian/Niehr/Schiewe (2010) als eine deskriptive Form der Sprachkritik, für die es charakteristisch ist, „kontextabhängige und konkurrierende Sprachnormen (insbesondere Normen des Sprachgebrauchs) [zu] beschreiben, ohne selbst explizit Gesellschaftskritik zu üben" (Reisigl/Warnke 2013: 23).

Literatur

Angermüller, Johannes (2011): From the many voices to the subject positions in anti-globalization discourse. Enunciative pragmatics and the polyphonic organization of subjectivity. In: *Journal of Pragmatics* 43, S. 2992-3000.

Böke, Karin (1997): Die „Invasion" aus den „Armenhäusern Europas". Metaphern im Einwanderungsdiskurs. In: Jung, Matthias/Wengeler, Martin/Böke, Karin (Hg.): *Die Sprache des Migrationsdiskurses. Das Reden über „Ausländer" in Medien, Politik und Alltag.* Opladen, S. 163-192.

Böke, Karin/Liedtke, Frank/Wengeler, Martin (1996): Politische Leitvokabeln in der Adenauer-Ära. Berlin/New York.

Bubenhofer, Noah (2013): Quantitativ informierte qualitative Diskursanalyse. Korpuslinguistische Zugänge zu Einzeltexten und Serien. In: Roth, Kersten Sven/Spiegel, Carmen (Hg.): *Angewandte Diskurslinguistik. Felder, Probleme, Perspektiven.* Berlin, S. 109-134.

Busse, Dietrich (1997): Das Eigene und das Fremde. Zu Funktion und Wirkung einer diskurssemantischen Grundfigur. In: Jung, Matthias/Wengeler, Martin/Böke, Karin (Hg.): *Die Sprache des Migrationsdiskurses.* Opladen, S. 17-35.

Busse, Dietrich (2000): Historische Diskurssemantik. Ein linguistischer Beitrag zur Analyse gesellschaftlichen Wissens. In: *Sprache und Literatur in Wissenschaft und Unterricht* 31, H. 86, S. 39-53.

Busse, Dietrich (2012): *Frame-Semantik. Ein Kompendium.* Berlin/New York.

Busse, Dietrich/Teubert, Wolfgang (1994): Ist Diskurs ein sprachwissenschaftliches Objekt? Zur Methodenfrage der historischen Semantik. In: Busse, Dietrich/Hermanns, Fritz/ Teubert, Wolfgang (Hg.): *Begriffsgeschichte und Diskursgeschichte. Methodenfragen und Forschungsergebnisse der historischen Semantik.* Opladen, S. 10-28.

Busse, Dietrich/Teubert, Wolfgang (Hg.) (2013): *Linguistische Diskursanalyse. Neue Perspektiven.* Wiesbaden.

Croft, William (2001): *Radical Construction Grammar. Syntactic Theory in Typological Perspective.* Oxford.

Gür-Şeker, Derya (2014): Zur Verwendung von Korpora in der Diskurslinguistik. In: Nonhoff, Martin/Herschinger, Eva/Angermuller, Johannes/Macgilchrist, Felicitas/Reisigl, Martin/ Wedl, Juliette/Wrana, Daniel/Ziem, Alexander (Hg.): Diskursforschung. Ein interdisziplinäres Handbuch. Band II: Methoden und Praxis der Diskursanalyse: Perspektiven auf Hochschulreformdiskurse. Bielefeld: transcript, S. 583-603.

Fillmore, Charles J. (1985): Frames and the semantics of understanding. In: *Quaderni di Semantica* 6 (2), S. 222-254.

Fischer, Kerstin/Stefanowitsch, Anatol (2006): Konstruktionsgrammatik: Ein Überblick. In: Stefanowitsch, Anatol/Fischer, Kerstin (Hg.): *Konstruktionsgrammatik: Von der Anwendung zur Theorie*. Tübingen, S. 3-17.

Hermanns, Fritz (1986): Appellfunktion und Wörterbuch. Ein lexikographischer Versuch. In: Wiegand, Herbert Ernst (Hg.): *Studien zur neuhochdeutschen Lexikographie VI.1*. Hildesheim/Zürich/New York, S. 151-182.

Hermanns, Fritz (1989): Deontische Tautologien. Ein linguistischer Beitrag zur Interpretation des Godesberger Programms (1959) der Sozialdemokratischen Partei Deutschlands. In: Josef Klein (Hg.): *Politische Semantik. Bedeutungsanalytische und sprachkritische Beiträge zur politischen Sprachverwendung*. Opladen, S. 69-149.

Hermanns, Fritz (1994): *Schlüssel-, Schlag- und Fahnenwörter. Zu Begrifflichkeit und Theorie der lexikalischen „politischen Semantik"*. Heidelberg.

Hermanns, Fritz (2003): Die Globalisierung. Versuch der Darstellung des Bedeutungsspektrums der Bezeichnung. In: Wengeler, Martin (Hg.): *Deutsche Sprachgeschichte nach 1945. Diskurs- und kulturgeschichtliche Perspektiven*. Hildesheim/New York, S. 409-438.

Kienpointner, Manfred (1992): *Alltagslogik: Struktur und Funktion von Argumentationsmustern*. Stuttgart-Bad Cannstatt.

Konerding, Klaus-Peter (1993): *Frames und lexikalisches Bedeutungswissen. Untersuchungen zur linguistischen Grundlegung einer Frametheorie und zu ihrer Anwendung in der Lexikographie*. Tübingen.

Kopperschmidt, Josef (1989): *Methodik der Argumentationsanalyse*. Stuttgart-Bad Cannstatt.

Langacker, Ronald W. (1987): *Foundations of Cognitive Grammar. Volume 1: Theoretical Prerequisites*. Stanford.

Langacker, Ronald W. (1991): *Foundations of Cognitive Grammar. Volume 2: Descriptive Application*. Stanford.

Langacker, Ronald W. (2000): A dynamic usage-based model. In: Michael Barlow/Susanne Kemmer (Hg.): *Usage-based Models of Language*. Stanford, S. 24-63.

Langacker, Ronald W. (2005): Construction Grammars: cognitive, radical, and less so. In: Francisco J. Ruiz de Mendoza Ibáñez/M. Sandra Peña Cervel (Hg.): *Cognitive Linguistics. Internal Dynamics and Interdisciplinary Interaction*. Berlin/New York, S. 101-159.

Link, Jürgen/Link-Heer Ursula (1994): Kollektivsymbolik und Orientierungswissen. Das Beispiel des „Technisch-Medizinischen Vehikel-Körpers". In: *Der Deutschunterricht* 96 (4), S. 44-55.

Minsky, Marvin (1975): A framework for representing knowledge. In: Patric H. Winston (Hg.): *The Psychology of Computer Vision*. New York, S. 211–277.

Niehr, Thomas (2007): Schlagwort. In: Ueding, Gert (Hg.): *Historisches Wörterbuch der Rhetorik* (Bd. 8). Tübingen, S. 496-502.

Kilian, Jörg/Niehr, Thomas/Schiewe, Jürgen (2010): Sprachkritik. Ansätze und Methoden der kritischen Sprachbetrachtung. Berlin/New York.

Panagl, Oswald (Hg.): *Fahnenwörter der Politik. Kontinuitäten und Brüche*. Wien.

Reisigl, Martin/Warnke, Ingo H. (2013): Diskurslinguistik im Spannungsfeld von Deskription, Präskription und Kritik – Eine Einleitung: In: Meinhof, Ulrike H./Reisigl, Martin/Warnke, Ingo H. (Hg.): *Diskurslinguistik im Spannungsfeld von Deskription und Kritik*. Leipzig, S. 7-35.

Scharloth, Joachim/Eugster, David/Bubenhofer, Noah (2013): Das Wuchern der Rhizome. Linguistische Diskursanalyse und Data-driven Turn. In: Busse, Dietrich/Teubert, Wolfgang (Hg.): *Linguistische Diskursanalyse. Neue Perspektiven*. Wiesbaden, S. 345-380.

Scholz, Ronny/Ziem, Alexander (2013): Lexikometrie meets FrameNet: das Vokabular der „Arbeitsmarktkrise" und der „Agenda 2010" im Wandel. In: Wengeler, Martin/Ziem, Alexander (Hg.): *Sprachliche Konstruktionen von Krisen: Interdisziplinäre Perspektiven auf ein fortwährend aktuelles Phänomen*. Bremen, S. 155-184.

Schönefeld, Doris (2006): Constructions. In: Constructions 1, Special Volume 1: Constructions all over: case studies and theoretical implications. [online-Journal]

Spieß, Constanze (2014): Diskurslinguistische Metaphernanalyse. In: Junge, Matthias (Hg.): *Methoden der Metaphernforschung und -analyse*. Wiesbaden 2014, S. 31-60.

Stiglitz, Joseph (2002): *Die Schatten der Globalisierung*. Berlin.

Storjohann, Petra (2007): Der Diskurs „Globalisierung" in der öffentlichen Sprache: Eine korpusgestützte Analyse kontextueller Thematisierungen. In: *Aptum* 3, S. 139-155.

Stötzel, Georg (1995): Einleitung. In: Stötzel, Georg/Wengeler, Martin u.a.: *Kontroverse Begriffe. Geschichte des öffentlichen Sprachgebrauchs in der Bundesrepublik Deutschland*. Berlin/New York, S. 1-17.

Teubert, Wolfgang (2002): Die Bedeutung von Globalisierung. In: Panagl, Oswald/Stürmer, Horst (Hg.): *Politische Konzepte und verbale Strategien. Brisante Wörter – Begriffsfelder – Sprachbilder*. Frankfurt a.M. u.a., S. 149-167.

Tognini-Bonelli, Elena (2001): *Corpus Linguistics at Work*. Amsterdam u.a.

Wengeler, Martin (1996): Sprachthematisierungen in argumentativer Funktion. Eine Typologie. In: Böke, Karin /Jung, Matthias/Wengeler, Martin (Hg.): *Öffentlicher Sprachgebrauch*. Opladen, S. 413-430.

Wengeler, Martin (2003): *Topos und Diskurs. Begründung einer argumentationsanalytischen Methode und ihre Anwendung auf den Migrationsdiskurs (1960-1985)*. Tübingen.

Wengeler, Martin (2005): *Assimiliation, Ansturm der Armen* und die *Grenzen der Aufnahmefähigkeit*: Bausteine einer linguistisch „integrativen" Diskursgeschichtsschreibung. In: Fraas, Claudia/Klemm, Michael (Hg.): *Mediendiskurse. Bestandsaufnahmen und Perspektiven*. Frankfurt a.M. u.a., S. 39-57.

Ziem, Alexander (2007): Globalisierung: Linguistische Zugänge zu einem gesellschaftlichen Phänomen. In: *Aptum* 3, S. 97-104.

Ziem, Alexander (2008a): *Frames und sprachliches Wissen. Kognitive Aspekte der semantischen Kompetenz*. Berlin/New York.

Ziem, Alexander (2008b): „Heuschrecken" in Wort und Bild. Zur Karriere einer Metapher. In: *Muttersprache* 2, S. 108-120.

Ziem, Alexander (2013): Frames als Prädikations- und Medienrahmen: auf dem Weg zu einem integrativen Ansatz? In: Fraas, Claudia/Meier, Stefan/Pentzold, Christian (Hg.): *Online-Diskurse. Theorien und Methoden transmedialer Online-Diskursforschung*. Köln, S. 136-172.

Ziem, Alexander (2014): Von der Kasusgrammatik zum FrameNet: Frames, Konstruktionen und die Idee eines Konstruktikons. In: Ziem, Alexander/Lasch, Alexander (Hg.): *Grammatik als Inventar von Konstruktionen? Sprachwissen im Fokus in der Konstruktionsgrammatik*. Berlin/New York, S. 351-388.

Ziem Alexander/Scholz, Ronny/Römer, David (2013): Korpusgestützte Zugänge zum öffentlichen Sprachgebrauch: spezifisches Vokabular, semantische Konstruktionen und syntaktische Muster in Diskursen über „Krisen". In: Felder, Ekkehard (Hg.): *Faktizitätsherstellung in Diskursen. Die Macht des Deklarativen*. Berlin/New York, S. 329-358.

Ziem, Alexander/Lasch, Alexander (2013): *Konstruktionsgrammatik. Konzepte und Grundlagen gebrauchsbasierter Ansätze*. Berlin.

Prof. Dr. Alexander Ziem
Heinrich-Heine-Universität Düsseldorf
Abteilung IV, Mündlichkeit
Universitätsstr. 1
40225 Düsseldorf
E-Mail: alexander.ziem@uni-duesseldorf.de

Noah Bubenhofer, Joachim Scharloth

Sprachthematisierungen: Ein korpuslinguistisch-frequenzorientierter Zugang

Es mag auf den ersten Blick widersinnig erscheinen, sich einem semantisch und pragmatisch so komplexen Phänomen wie Sprachthematisierungen mit den Mitteln der Korpuslinguistik zu nähern. Korpora erlauben vorwiegend an der sprachlichen Oberfläche orientierte Analysen und abstrahieren als digitale Sammlungen von den Entstehungs- und Gebrauchskontexten der in ihnen versammelten Texte. Dennoch wollen wir in diesem Aufsatz zeigen, dass man mit maschinellen Methoden auch Sprachthematisierungen identifizieren und mit quantitativen Verfahren zu validen Ergebnissen kommen kann.

Im ersten Abschnitt wollen wir den Begriff der Sprachthematisierung bzw. der metasprachlichen Markierung entfalten, ehe wir im zweiten Abschnitt unseren quantitativ-korpuslinguistischen Zugang explizieren. In den folgenden beiden Abschnitten werden wir zwei exemplarische Analysen vorstellen, die das Potenzial korpuslinguistischer Analysen von Sprachthematisierungen illustrieren sollen: eine synchrone Frequenzanalyse des Sprachgebrauchs in Pressemitteilungen von Parteien (Abschnitt 3) und eine diachrone Analyse der Zeitspezifik von metasprachlich markierten Ausdrücken (Abschnitt 4).

1 Sprachthematisierungen und metasprachliche Markierungen

Der Terminus „Sprachthematisierung" bezeichnet „alle sprachreflexiven Äußerungen zu Bedeutung, Funktion und Verwendung einzelner Zeichen bzw. zum Sprachgebrauch" (Domasch 2007, 3). Die Beschäftigung mit Sprachthematisierungen speist sich in der Linguistik aus mehreren Traditionen. Die *erkenntnistheoretisch-sprachphilosophische* Tradition betrachtet Sprachthematisierungen als Metasprache, deren prototypischer Ort das Auftreten von Verständnisschwierigkeiten und Kommunikationsstörungen ist (vgl. Weinrich 1976). Die *soziolinguistische* Tradition untersucht Sprachthematisierungen als Indikatoren für spezifische Spracheinstellungen und Sprachbewusstseinslagen: Laienlinguistische Äußerungen machen demnach „Sprachnorm- und Sprachmängelbewusstsein" sichtbar (Neuland 1996, 115). Die *polito- und diskurslinguistische* Tradition betrachtet Sprachthematisierungen als Sonderform strategischen Sprachgebrauchs in der Öffentlichkeit, mit dessen Hilfe sprachliche Gegenstandskonstruktionen vollzogen und verändert oder ihre Geltung problematisiert werden

Aptum. Zeitschrift für Sprachkritik und Sprachkultur. 10. Jahrgang, 2014, Heft 02, S. 140-154.

(vgl. vor allem die Arbeiten von Wengeler 1989, 1996, Stötzel 1980, 1995, Klein 1996). Diesem Ansatz werden wir im vorliegenden Aufsatz folgen.

Thomas Niehr (2002) zeigt auf, dass die Thematisierung von Sprache mit strategischer Absicht auf drei unterschiedlichen Ebenen stattfinden kann: Kritisch beurteilt wird entweder der Gebrauch einzelner Wörter, der Gebrauch von Sprache insgesamt oder ein einzelner Argumentationsgang. Sprachreflexive Äußerungen, die strategischen Zielen dienen, haben stets präskriptiven Charakter, sie implizieren eine „Interpretationshegemonie" (Keller 1985, 275): Der thematisierte Ausdruck wird in der Regel als falsch/inkorrekt ausgewiesen und es wird ihm eine wahre/richtige Alternative gegenübergestellt. Klein (1998, 384) macht deutlich, dass dem Urheber des Ausdrucks dabei häufig ein bewusstes Verwenden des „falschen" Ausdrucks und damit eine böswillige Absicht unterstellt wird. Die Sprachthematisierungen verraten damit etwas über die Einstellungen des Autors und haben zugleich eine deontische Dimension.

Strategische Sprachthematisierungen, das zeigt Martin Wengeler (1996, 418-428), stehen immer auch in einem argumentativen Kontext, aus dem heraus die mit ihnen verbundene Sprachkritik begründet oder gar legitimiert werden soll. Als typische argumentative Strategien benennt er die Berufung auf Wortverwendungskonventionen (Remotivierung, Etymologie, Wörterbuch, Sprachästhetik, Dynamisierung, Geschichte), die Berufung auf die referentielle Funktion von Ausdrücken (Richtigkeit, Phantom, Worthülse, Euphemismus, einseitige Perspektive), die Berufung auf den Bewusstsein und Handlungen mitbestimmenden Charakter von Sprache (Biedermann und die Brandstifter, Bewusstseinskonstitution, politische Folgen, Tabu, Eindimensionalität), die Berufung auf den strategischen/kämpferischen Aspekt von Sprache (Schlagwort, Begriffe besetzen, politische Gegner, Sprachverwirrung), die Berufung auf die emotive Funktion sprachlicher Zeichen (Betroffenheit, Schimpfwort, Umwertung, Assoziation, Retourkutsche) und die Berufung auf die sozial- und mentalitätsgeschichtliche Funktion von Sprache (Indikator).

Sprachthematisierungen lassen sich im Hinblick auf die Art ihrer sprachlichen Repräsentation in explizite und implizite Sprachthematisierungen unterscheiden. Explizit ist eine Sprachthematisierung dann, wenn „in bestimmten Handlungszusammenhängen das Sprachverhalten so wichtig ist, daß es zum Gegenstand öffentlicher Diskussion wird" (Stötzel 1995, 10). Dies kann sich beispielsweise im Konstatieren von Bezeichnungspluralität, in diskursiven Kennzeichnungen von semantischen Differenzen zeigen oder auch nur in Minimalformen der Thematisierung, etwa durch das Voranstellen von „so genannt" oder das Setzen von Anführungszeichen mit dem Ziel der Distanzierung von Form oder Inhalt eines Ausdrucks (vgl. Domasch 2007, 90). Implizit bleiben Sprachthematisierungen dann, wenn heterogener Sprachgebrauch, beispielsweise eine Bezeichnungskonkurrenz oder Polysemie besteht, die konkurrierenden Sprachgebräuche jedoch nicht in eine Relation zueinander gesetzt werden (vgl. Stötzel 1995, 11).

2 Sprachthematisierungen und Korpuslinguistik: Möglichkeiten und Grenzen

Der so entfaltete Begriff der Sprachthematisierung ist mit korpuslinguistischen Methoden nur im Hinblick auf ausgewählte Dimensionen befriedigend operationalisierbar. Grundsätzlich sind wegen der Oberflächenaffinität korpuslinguistischer Untersuchungen explizite Sprachthematisierungen leichter identifizierbar; implizite Sprachthematisierungen im Sinne von konkurrierenden Sprachgebräuchen lassen sich aber dennoch durch den Abgleich von Kookkurenzprofilen (vgl. Belica 2001ff.) in positionsspezifischen Korpora aufspüren. Hinsichtlich der sprachlichen Ebene sind Thematisierungen einzelner Wörter oder Ausdrücke am zuverlässigsten zu ermitteln; globale sprachkritische Einlassungen oder Kritik an Argumentationsgängen sind mit den gegenwärtigen Mitteln der Korpuslinguistik womöglich identifizierbar, jedoch nicht befriedigend analysierbar. Die argumentativen Funktionen, in die Sprachthematisierungen eingebettet sind, lassen sich mit korpuslinguistischen Mitteln ebenfalls kaum rekonstruieren.

Korpuslinguistische Methoden haben jedoch den Vorteil, dass mit ihnen große Textmengen nach sprachlichen Mustern durchsucht und diese Muster quantifiziert werden können. Dies ermöglicht es, das Phänomen Sprachthematisierung und seine Funktion für den öffentlichen Diskurs auf neue Weise in den Blick zu nehmen. Um das Potenzial frequenzorientierter Studien zu belegen, wollen wir im Folgenden die Ergebnisse zweier Beispielanalysen vorstellen. In ihnen haben wir nach Minimalformen der Thematisierung durch das Voranstellen von „so genannt" oder das Setzen von Anführungszeichen gesucht, genauer Ausdrücke hinter „sogenannt"/„so genannt"/„sog." bis einschließlich dem Kopf der Nominalphrase sowie Lexeme und Nominalphrasen innerhalb von Anführungszeichen. Da Anführungszeichen nicht nur bei sprachkritischen Markierungen eingesetzt werden, sondern beispielsweise auch bei Titeln, wurde eine Stoppwortliste generiert, mit der Zeitungsnamen, Film- und Buchtitel etc. herausgefiltert wurden.

3 Sprachthematisierungen und politisches Spektrum

Die erste Analyse[1] wirft einen quantifizierenden Blick auf die Distribution von Sprachthematisierungen in parteienspezifischen Korpora. Dabei ließen wir uns von der Hypothese leiten, dass systemkritische Parteien immer auch sprachkritischen Impulsen folgen und sich daher die relative Anzahl der Sprachthematisierungen erhöht, je weiter sich eine Partei von der sog. politischen Mitte entfernt. Ähnlich wie sich etablierende antipluralistische Systeme neigen systemkritische Bewegungen zur Ausbildung einer eigenen Ideologiesprache, die zwar nicht notwendigerweise ausdrucksseitig, aber immer inhaltsseitig vom (bislang) herrschenden Sprachgebrauch abweicht. Und dies mit vermeintlich gutem Grund: Die herrschende Sprache – so die Vorstellung – habe verschleiernden Charakter und diene der herrschenden Klasse zur Gefügigmachung der Bürger, mithin als Herrschaftsinstrument. Wahres Sprechen erfordere daher eine neue Sprache – so die an ontologisierende Sprachtheorien erinnernde Position. Selten kommen daher sich als revolutionär verstehende Bewegungen ohne kritische Thematisierungen der gegenwärtigen und teilweise sogar Explizierungen einer neuen Sprache aus. Bei Parteien, so unsere Überlegungen, dürfte sich anders als bei lebensreformerischen sozialen Bewegungen eher unsystematische Ad-hoc-Kritik am gängigen Sprachgebrauch in der Form metasprachlicher Minimalmarkierungen finden. Mit ihnen wird die Ablehnung der traditionellen Verwendungsweise der markierten Vokabeln zum Ausdruck gebracht. Diese Ablehnung kann sich entweder gegen die Wortform selbst oder gegen das Konzept, das dem Ausdruck zugrunde liegt, richten.

Für die 16. Legislaturperiode von 2005 bis 2009 (und teilweise auch für die Jahre davor) haben wir ein Korpus von Pressemitteilungen von Parteien gebildet, die das politische Spektrum gemessen an einer Links-rechts-Skala abbilden. Es wurden fünf Korpuskategorien definiert: extrem links, gemäßigt links, Mitte, rechtspopulistisch und extrem rechts. Ausgehend von Einschätzungen des Bundesamtes für Verfassungsschutz (vgl. BMI 2005) wurden die Parteien NPD und DVU als rechtsextremistisch eingestuft. Die Korpora mit Texten der genannten Parteien setzen sich wie folgt zusammen:

- NPD: 1508 Pressemitteilungen (666.696 Wörter) aus dem Zeitraum von 2005 bis 2009.
- DVU: 136 Texte (75.924 Wörter) aus dem Zeitraum von 2007 bis 2009.

Die „Republikaner" (REP) wurden der Kategorie „Rechtspopulismus" zugeordnet. Hier wurden Texte in folgendem Umfang gesammelt:

1 Die Ergebnisse wurden erstmals in Ebling et. al. 2013 publiziert.

- REP: 442 Pressemitteilungen (104.192 Wörter) aus dem Zeitraum von 2001 bis 2008.

Der Status „Mittepartei" wurde der SPD, der Union (CDU und CSU) sowie der FDP zugewiesen. Die Datenbasis für dieses Korpus setzt sich wie folgt zusammen:

- CDU/CSU: 2254 Pressemitteilungen (598.386 Wörter) aus dem Zeitraum von 2006 bis 2009.
- FDP: 7702 Pressemitteilungen (2.158.700 Wörter) aus dem Zeitraum von 2005 bis 2009.
- SPD: 382 Pressemitteilungen (125.787 Wörter) aus dem Zeitraum von 2008 bis 2009.

Als gemäßigt links wurden die Parteien „Bündnis 90/Die Grünen" und „DIE LINKE" betrachtet. Bei letzterer wurden lediglich Texte der Gesamtpartei verwendet; die parteiinternen Zusammenschlüsse, von denen einige vom Verfassungsschutz als extremistisch eingestuft werden (BMI 2008: 150), verfügen über eigene Online-Auftritte. Folgende Texte wurden verwendet:

- Grüne: 522 Pressemitteilungen (108.640 Wörter) aus dem Zeitraum von 2007 bis 2007.
- Die Linke: 792 Pressemitteilungen (176.114 Wörter) aus dem Zeitraum von 2007 bis 2009.

Als extrem links wurden DKP, MLPD sowie die „Kommunistische Plattform der Partei DIE LINKE" eingestuft. Daraus ergab sich das folgende Subkorpus:

- PDL-KPF: 1627 „Mitteilungen" (1.064.655 Wörter) aus dem Zeitraum von 2000 bis 2009.
- DKP: 147 Pressemitteilungen (79.457 Wörter) aus dem Zeitraum von 2002 bis 2009.
- MLPD: 69 Pressemitteilungen (126.140) aus dem Zeitraum von 2005 bis 2009.

Die Anzahl der Wörter der so entstandenen Korpora beträgt 742.620 (extrem rechts), 104.192 (rechtspopulistisch), 2.882.873 (Mitte), 284.754 (gemäßigt links) und 1.270.252 (extrem links). Das Korpus wurde mit Hilfe des TreeTaggers (vgl. Schmid 1994) tokenisiert, mit Wortarten-Informationen annotiert und lemmatisiert. Beim verwendeten Tagset handelt es sich um das Stuttgart-Tübingen-Tagset (STTS) (vgl. Schiller et al. 1995).

Abbildung 1 zeigt die Frequenz von Sprachthematisierungen relativ zur Wortzahl des jeweiligen Korpus. Parteien an den Rändern des politischen Spektrums, insbesondere Parteien, die vom Verfassungsschutz als extremistisch eingestuft werden, benutzen in ihren Pressemitteilungen häufiger metasprachliche Markierungen. Während bei den Mitteparteien der Höchstwert bei rund 20 Sprachthematisierungen je 10.000 Wörtern liegt (CDU), liegt er bei den extremistischen Parteien zwischen rund 33 (MLPD) und 80 (DKP).

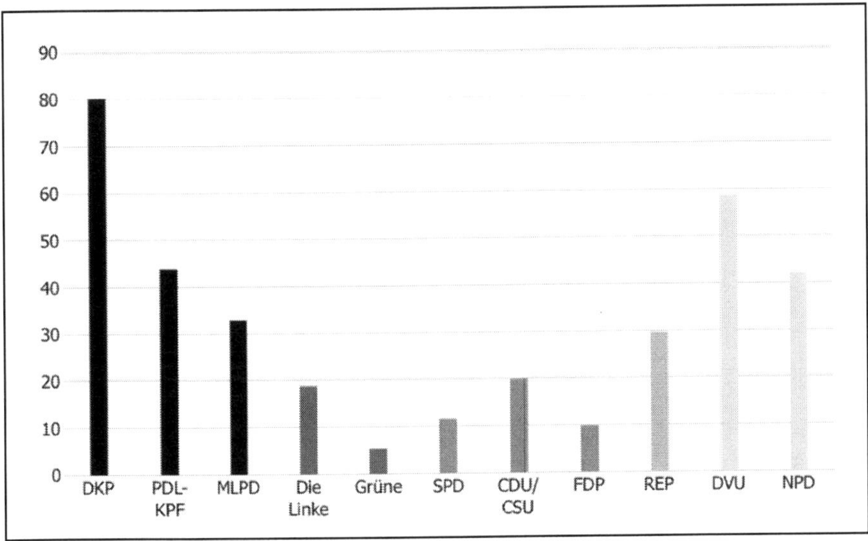

Abb. 1: Relative Frequenz metasprachlicher Markierungen nach Parteien

Nun könnte man freilich einwenden, dass die globale Messung von Sprachthematisierungen eine recht grobe Metrik ist, die dem Anspruch, Distanz zur herrschenden Semantik zu messen, nur schwerlich gerecht wird. Doch auch eine Analyse der Frequenz von metasprachlich markierten Ausdrücken zur Bezeichnung von Institutionen oder zentralen Werten des demokratischen Verfassungsstaates bzw. für den Staat als Ganzes bestätigt die Ergebnisse.

Abbildung 2 zeigt den Anteil der metasprachlich markierten Ausdrücke zur Bezeichnung von Institutionen beziehungsweise Grundwerten des demokratischen Verfassungsstaates an allen metasprachlichen Markierungen. Die Analysen belegen, dass insbesondere die rechtsextremen Parteien, aber auch die MLPD einen vergleichsweise hohen Anteil antipluralistisch intendierter metasprachlicher Markierungen aufweisen. Zwar liegt der Wert bei den Grünen über dem der DKP, allerdings ist die Frequenz metasprachlicher Markierungen bei den Grünen insgesamt derart gering, dass die 3,2 % markierter Ausdrücke, die Grundwerte und Institutionen des Verfassungsstaates bezeichnen, lediglich zwei Token sind, die einen Type realisieren.

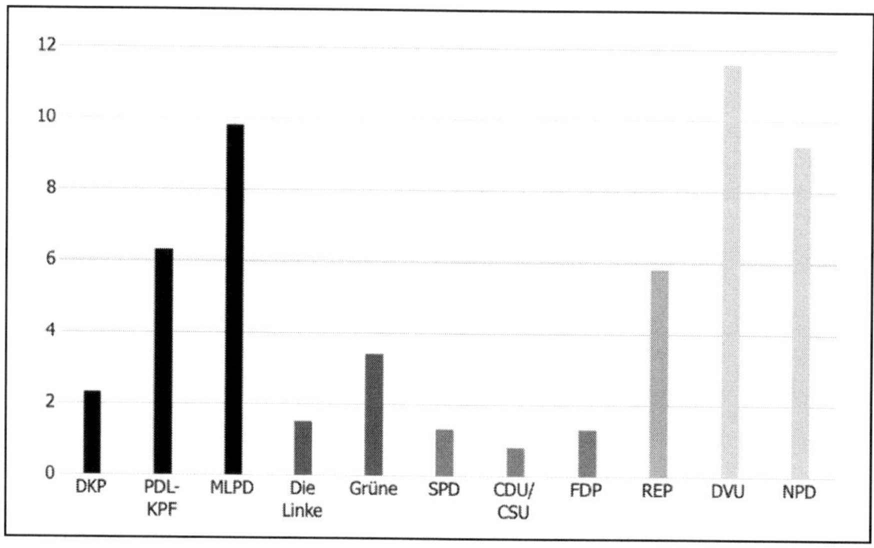

Abb. 2: Anteil der metasprachlich markierten Ausdrücke zur Bezeichnung von Institutionen beziehungsweise Grundwerten des demokratischen Verfassungsstaates an allen metasprachlichen Markierungen

Insbesondere in den DVU-Pressemitteilungen finden sich zahlreiche Hinweise auf eine Ablehnung des demokratischen Verfassungsstaates. Metasprachlich markiert sind dort beispielsweise Ausdrücke, die in direktem Zusammenhang mit der Verfassung stehen (*Verfassungsschutz, Verfassung, verfassungsfeindlich Ziel, Verfassungstreue, Verfassungsschützer*). Ferner finden sich Ausdrücke, die die Identität der Bundesrepublik an sich oder ihren Status als freies und demokratisches Land infrage stellen (*Bundesrepublik Deutschland, frei Deutschland, bedeutend Freiheitsrecht, Demokratie*). Im übergeordneten geografischen Kontext ist eine ähnliche Kritik auszumachen (*westlich Wertegemeinschaft*). Die meisten der genannten Markierungen finden sich in der gleichen oder in leicht abgewandelter Form bei der NPD sowie bei den linksextremistischen Parteien DKP, MLPD und PDL-KPF (etwa *Verfassungsschutz, Demokratie, Freiheit, EU-Verfassung*). Darüber hinaus wird in den Texten der NPD und der „Kommunistischen Plattform" die Existenz eines *Rechtsstaat*s angezweifelt.

Für die Argumentation im vorliegenden Aufsatz ist besonders interessant, dass sich die Ergebnisse der qualitativ grundierten Analyse (inhaltliche Auswertung der Sprachthematisierungen) und die der rein quantitativen Analyse kaum unterscheiden, letztere sogar eine höhere Korrelation von Frequenz und politischer Verortung liefert. Schon die Quantität metasprachlicher Markierungen ermöglicht demnach Aussagen hinsichtlich des Grades der Kritik an der herrschenden Semantik einer Gesellschaft.

4 Sprachthematisierungen in historischer Perspektive

Das Konzept der Sprachthematisierungen ist durch die Arbeiten von Georg Stötzel und Martin Wengeler zu einem zentralen Begriff für die linguistische Erforschung der Zeitgeschichte avanciert. Sprachgeschichte wird in ihren Arbeiten (exemplarisch in Stötzel/Wengeler u.a. 1995) als Problemgeschichte konzipiert, auf die durch die Analyse von Sprachthematisierungen zugegriffen werden kann. Im Folgenden möchten wir zeigen, wie dieser äußerst produktive Ansatz von Stötzel und Wengeler mit korpuslinguistisch-frequenzorientierten Methoden noch bereichert werden kann. Hierfür haben wir ein großes Zeitungskorpus, das Print-Archiv der Wochenzeitung DIE ZEIT, auf das Vorkommen der in Abschnitt 2 benannten sprachlichen Muster hin untersucht.

Das Korpus umfasste die kompletten Jahrgänge 1946-2011, wie sie auf zeit.de zu finden sind. Es umfasst insgesamt 271.439.149 laufende Wortformen. Die Anzahl der laufenden Wortformen je Jahrgang variiert dabei zwischen 1.051.351 (1946) und 6.520.382 (2005). Die Qualität des Korpus leidet etwas darunter, dass erst für die Jahrgänge ab 1995 von OCR-Fehlern freie Texte zur Verfügung standen. Das Korpus wurde zwar mit Metainformationen annotiert, doch sind auch diese Informationen vor 1995 nur sehr unsystematisch und unvollständig. Ressortspezifische Untersuchungen über den gesamten Zeitraum waren daher nicht möglich. Auch dieses Korpus wurde mit Hilfe des TreeTaggers tokenisiert, lemmatisiert und mit Wortarten-Informationen annotiert.

Abbildung 3 visualisiert für alle Jahrgänge die Summe aller metasprachlichen Markierungen, die in mindestens einem Jahrgang der ZEIT dreimal oder häufiger vorkamen. Dieser Filter wurde gewählt, um die Anzahl von Buch- und Filmtiteln, die in den Ergebnissen der automatischen Analyse gehäuft auftraten, vorzufiltern. Eine anschließende Filterung von Hand war dennoch unvermeidlich. Die Namen von Zeitungen, die in der ZEIT ebenfalls häufig in Anführungszeichen gesetzt werden, wurden mittels einer Stoppliste gefiltert. In der Abbildung lassen sich die relativen Maxima in den Jahren 1969 (absolutes Maximum), 1977 und 1990 leicht mit einschneidenden zeithistorischen Umbrüchen in Beziehung setzen: 68er-Bewegung, Deutscher Herbst und Wiedervereinigung. Schon die Frequenzanalyse scheint also dafür geeignet, Umbruchzeiten (vgl. Kämper 2007) datengeleitet zu identifizieren.[2]

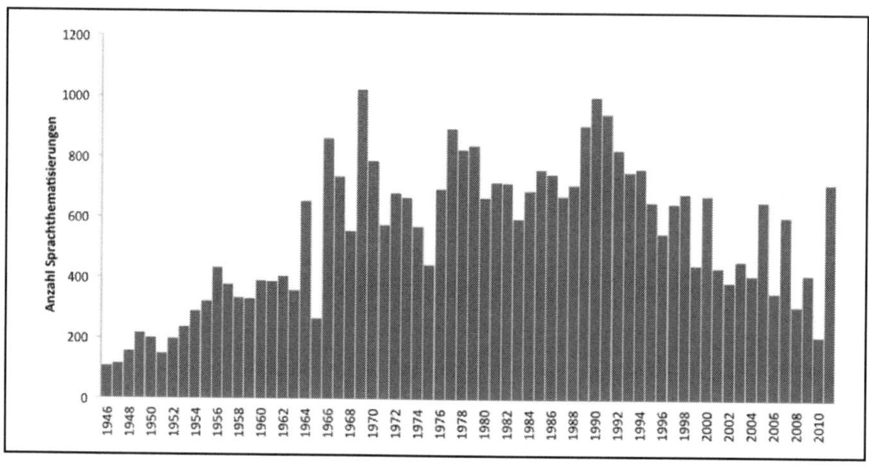

Abb. 3: Absolute Anzahl von Sprachthematisierungen, die in mindestens einem Jahrgang der ZEIT dreimal oder häufiger vorkamen

Die Umbruchjahre können mit Hilfe statistischer Methoden auch noch einer genaueren Analyse unterzogen werden. Abbildung 4 visualisiert die häufigsten metasprachlich markierten Ausdrücke im Jahrgang 1969 der ZEIT. Ausdrücke, die im Vergleich zu anderen Jahrgängen nicht signifikant häufiger vorkommen, sind in der Schriftfarbe grau dargestellt, signifikant häufige Ausdrücke hingegen schwarz. Ausdrücke, die 1969 zum ersten Mal als metasprachlich markiert auftreten, sind kursiviert dargestellt. Je häufiger ein Ausdruck im Jahrgang metasprachlich markiert wurde, desto größer ist die Schrift. Fokussiert man signifikant häufig auftretende und erstmals metasprachlich markierte Ausdrücke, so wird offensichtlich, dass die 68er-Bewegung ihre diskursiven Spuren hinterlassen hat. Und zwar sowohl die politische (*Kapitalismus, Imperialismus, imperialistisch, Technokrat, Kulturrevolution, Kapitalismus, kapitalistisches System* etc.) als auch die lebensstilistische Dimension der Bewegung (*Hair, Twen, Untergrund, Scheiße, Rauschgift, Rebell, Pornographie, Underground, New Age*).

Auch auf den ersten Blick schwer erklärbare Sprünge, wie beispielsweise der im Jahr 2011, können mit Hilfe von explorativen Grafiken einer Deutung nähergebracht werden.

2 Für eine ausführlichere Darstellung datengeleiteter Methoden zur Identifizierung von Umbrüchen vgl. Scharloth/Eugster/Bubenhofer 2013.

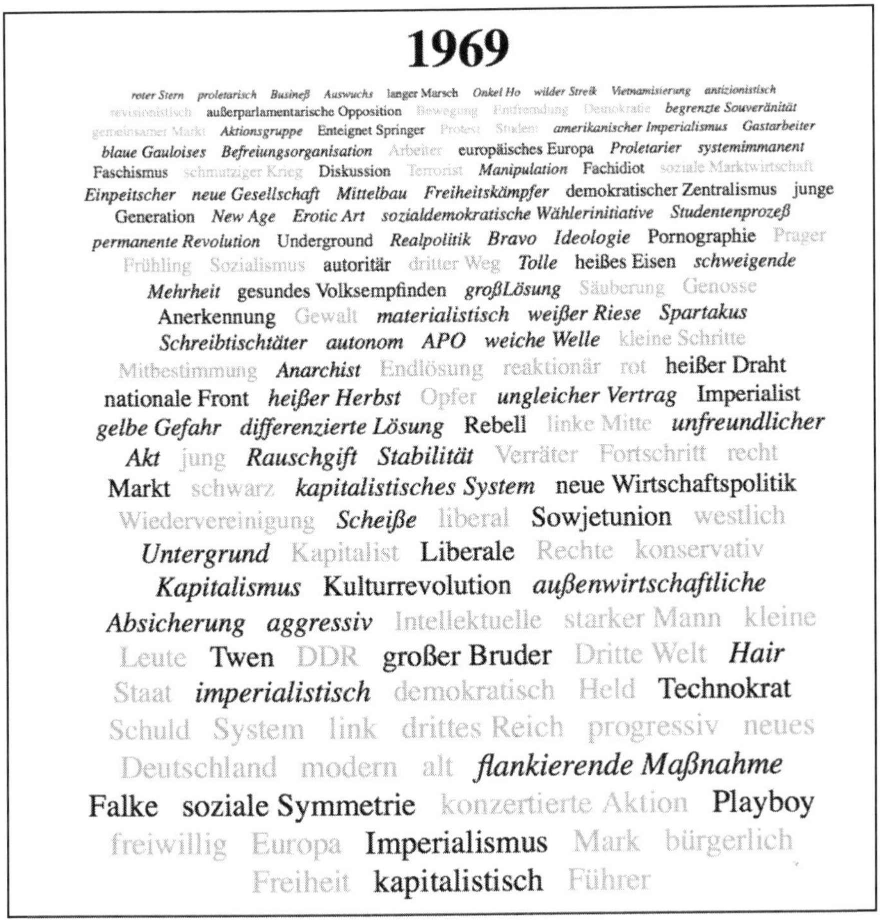

1969

roter Stern *proletarisch* *Busineß* *Auswuchs* langer Marsch *Onkel Ho* *wilder Streik* *Vietnamisierung* *antizionistisch*
revisionistisch außerparlamentarische Opposition Bewegung Entfremdung Demokratie *begrenzte Souveränität*
gemeinsamer Markt *Aktionsgruppe* Enteignet Springer Protest Student *amerikanischer Imperialismus* *Gastarbeiter*
blaue Gauloises *Befreiungsorganisation* Arbeiter europäisches Europa *Proletarier* *systemimmanent*
Faschismus schmutziger Krieg Diskussion Terrorist *Manipulation* Fachidiot soziale Marktwirtschaft
Einpeitscher *neue Gesellschaft* *Mittelbau* *Freiheitskämpfer* demokratischer Zentralismus junge
Generation *New Age* *Erotic Art* *sozialdemokratische Wählerinitiative* *Studentenprozeß*
permanente Revolution Underground *Realpolitik* *Bravo* *Ideologie* Pornographie Prager
Frühling Sozialismus autoritär dritter Weg *Tolle* heißes Eisen *schweigende*
Mehrheit gesundes Volksempfinden *großLösung* Säuberung Genosse
Anerkennung Gewalt *materialistisch* *weißer Riese* *Spartakus*
Schreibtischtäter *autonom* *APO* *weiche Welle* kleine Schritte
Mitbestimmung *Anarchist* Endlösung reaktionär rot heißer Draht
nationale Front *heißer Herbst* Opfer *ungleicher Vertrag* Imperialist
gelbe Gefahr *differenzierte Lösung* Rebell linke Mitte *unfreundlicher*
Akt jung *Rauschgift* *Stabilität* Verräter Fortschritt recht
Markt schwarz *kapitalistisches System* neue Wirtschaftspolitik
Wiedervereinigung *Scheiße* liberal Sowjetunion westlich
Untergrund Kapitalist Liberale Rechte konservativ
Kapitalismus Kulturrevolution *außenwirtschaftliche*
Absicherung *aggressiv* Intellektuelle starker Mann kleine
Leute Twen DDR großer Bruder Dritte Welt *Hair*
Staat *imperialistisch* demokratisch Held Technokrat
Schuld System link drittes Reich progressiv neues
Deutschland modern alt *flankierende Maßnahme*
Falke soziale Symmetrie konzertierte Aktion Playboy
freiwillig Europa Imperialismus Mark bürgerlich
Freiheit kapitalistisch Führer

Abb. 4: Metasprachlich markierte Ausdrücke in der ZEIT im Jahr 1969 (kursiv: erstmaliges Auftreten, schwarz: signifikant häufiges Auftreten, grau: nicht-signifikant häufiges Auftreten, Schriftgröße: relative Frequenz des Auftretens im betreffenden Jahr)

Abbildung 5 macht sichtbar, dass das Jahr 2011 die höchste Quote erstmals auftretender metasprachlich markierter Ausdrücke (abgesehen von den ganz frühen Jahren) aufweist. Dies lässt sich als eine fundamentale thematische Neuorientierung in der öffentlichen Debatte deuten, die offenbar entlang der Themen Euro-Krise, Terrorismus und Arabischer Frühling erfolgte.

Der frequenzorientierte Ansatz erlaubt auch eine genauere Bestimmung, welche Ausdrücke am häufigsten durch die untersuchten Muster metasprachlich markiert wurden. Die 50 häufigsten Ausdrücke sind:

drittes Reich, neu, alt, frei, Führer, links, modern, Freiheit, schwarz, Europa, DDR, rot, Held, bürgerlich, System, Verräter, Linke, Staat, Opfer, Mark, Wende, Bewegung, Fortschritt, rechts, Endlösung, freiwillig, grün, liberal, Reform, Verrat, dritter Weg, Grüne, kleiner Mann, Dritte Welt, Heimat, konservativ, konzertierte Aktion, Wirtschaftswunder, Sozialismus, Befreiung, Holocaust, sozialistisch, ethnische Säuberung, Machtergreifung, europäisch, Sicherheit, Macher, progressiv, Demokratie, Experte

2011

Kreuzzug Ostarbeiter Selbstverteidigungsminister Empörte Turbo-Abi Pirat Zwickauer Zelle Schuldenbremse kreative Klasse Kuschelpädagogik Islamisierung Auslandstärke
Aufstocker ethnische Säuberung Climategate Betongold politischer Gegner Blackout Liquidator Rettungsschirm Schutzschild Eliteuniversität
Schattenprofile bürgerliches Lager Energiewende Kommissarbefehl Guttenberg Leitmarkt Operation Blau humanitäre
Intervention Fukushima Tsunami Troika Massenvernichtungswaffe unternehmerische Hochschule Derivat
Wirtschaftsregierung Burn-out Demokratie Zäsur Bundespräsident Waldmensch Wutbürger
Säuberung neue Mitte Elite schwarze Liste Stabilität geistig-politische Wende postmodern
Stresstest große Transformation nationalsozialistischer Untergrund Bank Spaß
Wunderwaffe mitfühlender Liberalismus Friedensprozeß Schutzverantwortung KT
Terrorist Deal weich Produkt Bio Haircut Restrisiko nationaler
Übergangsrat Reiche moderat junge Wilde Hafenwelle Hygieniker
Volksgemeinschaft Pflegestützpunkt Anschluß
Gedächtnissprechstunden Lady Euro-Bonds authentisch Euro
Beziehungsweisen Welle Gott Urban Gardening Überfremdung
Kirche Angst Transferunion alt neu arabischer Frühling
Verräter Brückentechnologie frei Unterhosenbomber
Widerstand Lebensart Bingo Revolution alternativlos
Kofferbomber Druckfrisch Koalition Plärrer Krieg
Rucksackbomber Schuhbomber No-Bailout-Klausel
System verheerende Inflationspolitik drittes Reich
Freiheit Geld Sauerland-Gruppe Sekundärmarkt
zwecklos Führer uneuropäische Art
Euro-Rettungsschirm Europa

Abb. 5: Metasprachlich markierte Ausdrücke in der ZEIT im Jahr 2011 (kursiv: erstmaliges Auftreten, schwarz: signifikant häufiges Auftreten, grau: nicht-signifikant häufiges Auftreten, Schriftgröße: relative Frequenz des Auftretens im betreffenden Jahr)

Die Sprachthematisierungen betreffen demnach in hoher Zahl den historischen Nationalsozialismus (*Drittes Reich, Führer, Endlösung, Holocaust, Machtergreifung*), verweisen auf die gesellschaftstheoretisch-ideologischen Frontlinien des Kalten Krieges (*Freiheit, DDR, rot, System, dritter Weg, Sozialismus, sozialistisch, Demokratie*), nehmen Bezug auf soziale Bewegungen (*links, rot, bürgerlich, grün, Reform, Grüne, progressiv, Dritte Welt, Befreiung*) und repräsentieren häufig diskurssemantische Grundfiguren (*neu, modern, alt, links, rechts, rot, schwarz, kleiner Mann*). Längerfristige Prägungen des öffentlichen Diskurses werden so sichtbar.

Gleichzeitig ist es auch möglich, zeitspezifische Besonderheiten näher in den Blick zu nehmen. Interessiert man sich beispielsweise dafür, welche Sprachthematisierungen sich im Zeitraum um 1969 besonders häufig finden, in den anderen Zeiträumen jedoch deutlich seltener, kann man dies beispielsweise mit Hilfe eines Vektordistanzmodells zu einer Gauss'schen Verteilung untersuchen (Abbildung 6, min-max-normalisierte Vektoren, gleitende Durchschnitte Periode 3).

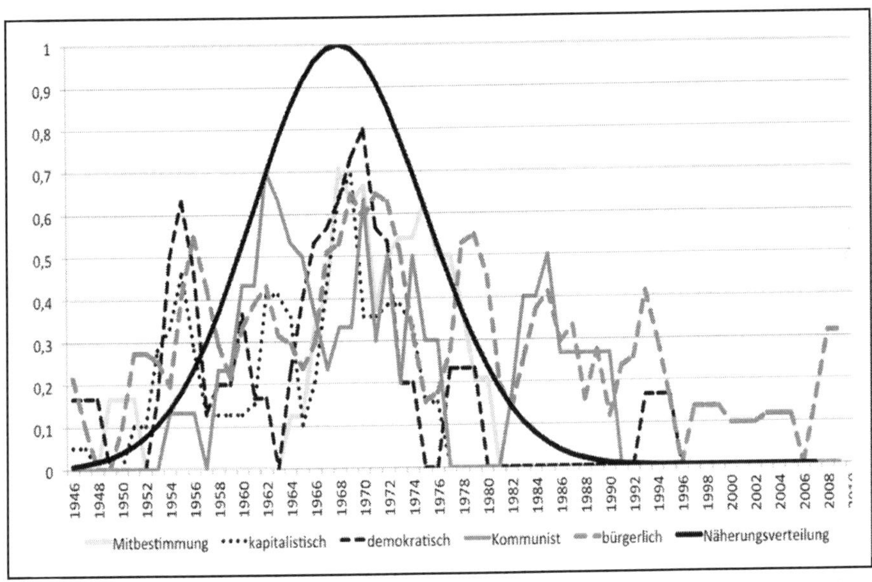

Abb. 6: Metasprachlich markierte Ausdrücke in der ZEIT, die in den Jahren um 1969 besonders häufig sind, in den Jahren davor oder danach aber sehr selten vorkommen

Die Sprachthematisierungen mit der geringsten Vektordistanz zur Näherungsverteilung sind demnach:

> *bürgerlich, Kommunist, demokratisch, kapitalistisch, Mitbestimmung, rot, progressiv, Chef, sozialistisch, starker Mann, kleiner Mann, Freiheit, System, Volksfront, linke Mitte, Image, Demokratisierung, rechts, Europa, links, liberal, Kulturrevolution, Progressive, Rechte, Liberale, konzertierte Aktion, Establishment, revisionistisch, reaktionär, Linke, europäisch, Revisionist, Intellektuelle, gesundes Volksempfinden, neue Linke, Technokrat, Prager Frühling, Befreiung, Dritte Welt, schweigende Mehrheit*

Sie verweisen offensichtlich auf die von der 68er-Bewegung angestoßenen Debatten über grundlegende Fragen des politischen Systems und die gesellschaftlichen Transformationsprozesse auf der ganzen Welt. Sind die für die Jahre um 1969 typischen Sprachthematisierungen thematisch noch relativ homogen verteilt, zeigt sich für die zweite große Umbruchperiode, die Jahre um 1990, eine größere Vielfalt. Hier verweisen die Sprachthematisierungen auf den Historikerstreit, die Wiedervereinigung und den Umgang mit Migrantinnen und Migranten sowie Flüchtlingen.

Normalität, Endlösung, Machtergreifung, Opfer, Fremde, Verräter, Wende, dritter Weg, entartete Kunst, Gastarbeiter, Bewegung, Ausländer, Verrat, freiwillige, Jude, Demokratie, Vergangenheitsbewältigung, grün, Mark, soziale Marktwirtschaft, Dritte Welt, heiliger Krieg, Säuberung, Anschluss, unabhängig, Reichskristallnacht, drittes Reich, Held, Postmoderne, Historikerstreit, Frieden, Einheit, kleine Leute, Heimat, Reich, Privatisierung, kritisch, multikulturelle Gesellschaft, Wirtschaftsflüchtling, westlich, Überfremdung, Führer, Zivilisation, Schuld, Elite, Festung Europa, konservative Revolution, Verfassung, europäisches Haus, Sozialismus, postmodern, Arschloch, konservativ, Terrorist, Staat, blühende Landschaften, künstliche Intelligenz

Auf einer abstrakteren Ebene lassen sich freilich auch diese Sprachthematisierungen als Indikatoren eines identitätspolitisch motivierten Diskurses deuten.

5 Fazit

Die hier vorgestellten Analysen hatten die Aufgabe, die Grenzen und Möglichkeiten frequenzorientierter Methoden für die Erforschung von Sprachthematisierungen zu beleuchten. Dabei musste nach der Spezifizierung des Konzepts „Sprachthematisierung" zunächst festgestellt werden, dass korpuslinguistische Methoden nicht den gesamten Phänomenbereich zu erfassen in der Lage sind, sondern nur über die sprachliche Oberfläche leicht zu identifizierende Thematisierungen von Lexemen oder Ausdrücken. Doch trotz dieser Beschränkung ließen die Ergebnisse der Analysen den Schluss zu, dass die korpuslinguistisch-frequenzorientierten Messverfahren valide sind. Dies zeigte sich einerseits an der Korrelation der Frequenz von Sprachthematisierungen in parteienspezifischen Korpora mit der Lage einer Partei auf der Links-rechts-Skala; andererseits auch bei der Identifizierung von zeithistorischen und damit auch kommunikationsgeschichtlichen Umbruchzeiten. Zudem konnten einige Möglichkeiten aufgezeigt werden, wie eine frequenzgestützte detaillierende Analyse der einzelnen Umbruchjahre aussehen könnte. Dennoch bleiben einige Bereiche ausschließliche Domäne der qualitativen Analysemethoden, etwa die argumentative Einbettung von Sprachthematisierungen.

Maschinelle Verfahren sind aus der Analyse des öffentlichen Sprachgebrauchs nicht mehr wegzudenken, ob als Methode für eine erste Erschließung des Gegenstandes oder als alleinige Methode, das bestimmen letztlich Forschungsfragen und Ressourcen. In jedem Fall erlauben sie einen effizienten und reproduzierbaren Überblick über den Bestand an explizit thematisierten Ausdrücken. Korpuslinguistische Methoden ermöglichen in der quantifizierenden Zusammenschau der Einzelbefunde auch Aussagen darüber, wie umstritten politische Gegenstandskonstruktionen im öffentlichen Diskurs insgesamt sind. Das An- und Abschwellen sprachthematisierender Diskurse verweist dann auf Umbruchzeiten.

Interessant ist freilich auch, welche Wörter im öffentlichen Diskurs als nicht problematisch angesehen werden. Gleicht man die Liste der häufigsten Sprachthematisierungen in der ZEIT etwa mit der Liste der „Unwörter des Jahres" ab, so fällt auf, dass nicht einmal die Hälfte der „Unwörter" in jenen Jahrgängen der ZEIT, für die sie gewählt wurden, metasprachlich markiert wurden. Das prägnanteste Beispiel ist die Bezeichnung *Dönermorde* für die Verbrechen des Nationalsozialistischen Untergrundes, die vor der Aufdeckung der rechtsterroristischen Motivation der Serie in der ZEIT nicht problematisiert wurde. Eine linguistische Sprachkritik kann demnach zwar auf Korpusanalysen aufbauen, sich aber nicht ausschließlich auf sie berufen.

Literatur

Bundesministerium des Innern (Hg.) (2005): *Verfassungsschutzbericht 2004*. Berlin.

Bundesministerium des Innern (Hg.) (2008): *Verfassungsschutzbericht 2007*. Berlin.

Belica, Cyril (2001ff.): Kookkurrenzdatenbank CCDB. *Eine korpuslinguistische Denk- und Experimentierplattform für die Erforschung und theoretische Begründung von systemisch-strukturellen Eigenschaften von Kohäsionsrelationen zwischen den Konstituenten des Sprachgebrauchs*. Institut für Deutsche Sprache, Mannheim. Online: http://corpora.ids-mannheim.de/ccdb/ (25.8.2014)

Domasch, Silke (2007): *Biomedizin als sprachliche Kontroverse. Die Thematisierung von Sprache im öffentlichen Diskurs zur Gendiagnostik*. Berlin.

Ebling, Sarah/Scharloth, Joachim/Dussa, Tobias/Bubenhofer, Noah (2013): Gibt es eine Sprache des politischen Extremismus? In: Liedtke, Frank (Hg.): *Die da oben – Texte, Medien, Partizipation*. Bremen, S. 43-67. (Sprache – Politik – Gesellschaft, Band 10)

Kämper, Heidrun (2007): Linguistik als Kulturwissenschaft. Am Beispiel einer Geschichte des sprachlichen Umbruchs im 20. Jahrhundert. In: Kämper, Heidrun/Eichinger, Ludwig M. (Hg.): *Sprach-Perspektiven. Germanistische Linguistik und das Institut für Deutsche Sprache*. Tübingen, S. 419-439 (= Studien zur deutschen Sprache; 40).

Keller, Rudi (1985): Was die Wanzen tötet, tötet auch den Popen. Ein Beitrag zur politischen Sprachkritik. In: Stötzel, Georg (Hg.): *Germanistik – Forschungsstand und Perspektiven. Vorträge des Deutschen Germanistentages 1984, Teil 1*. Berlin/New York, S. 264-277.

Klein, Josef (1996): Die Wahlkampfschiedsstelle. Ein Ort strategischer Sprachthematisierungen. In: Böke, Karin/Jung, Matthias/Wengeler, Martin (Hg.): *Öffentlicher Sprachgebrauch. Praktische, theoretische und historische Perspektiven. Georg Stötzel zum 60. Geburtstag gewidmet*. Opladen, S. 77-89.

Klein, Josef (1998): Politische Kommunikation als Sprachstrategie. In: Jarren, Otfried/Sarcinelli, Ulrich/Saxer, Ulrich (Hg.): *Politische Kommunikation in der demokratischen Gesellschaft.* Opladen. Wiesbaden, S. 376-393.

Neuland, Eva (1996): Sprachkritiker sind wir doch alle! Formen öffentlichen Sprachbewusstseins. Perspektiven kritischer Deutung und einige Folgen. In: Böke, Karin/Jung, Matthias/Wengeler, Martin (Hg.): *Öffentlicher Sprachgebrauch. Praktische, theoretische und historische Perspektiven. Georg Stötzel zum 60. Geburtstag gewidmet.* Opladen, S. 110-120.

Niehr, Thomas (2002): Kampf um Wörter? Sprachthematisierungen als strategische Argumente im politischen Meinungsstreit. In: Panagl, Oskat/Stürmer, Horst (Hg.): *Politische Konzepte und verbale Strategien. Brisante Wörter – Begriffsfelder – Sprachbilder.* Frankfurt a.M. u.a., S. 85-104.

Scharloth, Joachim/Eugster, David/Bubenhofer, Noah (2013): Das Wuchern der Rhizome. Linguistische Diskursanalyse und Data-driven Turn. In: Busse, Dietrich/Teubert, Wolfgang (Hg.): *Linguistische Diskursanalyse: neue Perspektiven.* Wiesbaden, S. 345-380.

Schiller, Anne/Teufel, Simone/Thielen, Christine (1995): *Guidelines für das Tagging deutscher Textcorpora mit STTS.* Stuttgart: [Working Paper] Universität Stuttgart, Institut für maschinelle Sprachverarbeitung, Tübingen: Seminar für Sprachwissenschaft.

Schmid, Helmut (1994): *Probabilistic part-of-speech tagging using decision trees.* Stuttgart: [Working paper] Universität Stuttgart, Institut für maschinelle Sprachverarbeitung.

Stötzel, Georg (1980): Konkurrierender Sprachgebrauch in der deutschen Presse. Sprachwissenschaftliche Textinterpretationen zum Verhältnis von Sprachbewusstsein und Gegenstandskonstitution. In: *Wirkendes Wort* 30, S. 39-53.

Stötzel, Georg (1995): Einleitung. In: Stötzel, Georg/Wengeler, Martin u.a.: *Kontroverse Begriffe. Geschichte des öffentlichen Sprachgebrauchs in der Bundesrepublik Deutschland.* Berlin/New York. S. 1-17.

Stötzel, Georg/Wengeler, Martin u.a. (1995): *Kontroverse Begriffe. Geschichte des öffentlichen Sprachgebrauchs in der Bundesrepublik Deutschland.* Berlin/New York.

Weinrich, Harald (1976): Von der Alltäglichkeit der Metasprache. In: Weinrich, Harald.: *Sprache in Texten.* Stuttgart, S. 90-112.

Wengeler, Martin (1989): Remilitarisierung oder Verteidigungsbeitrag? Sprachthematisierung in den Diskussionen um die westdeutsche Wiederbewaffnung. Ein Beitrag zur Sprachgeschichte nach 1945. In: *Sprache und Literatur in Wissenschaft und Unterricht* 64, S. 39-57.

Wengeler, Martin (1996): Sprachthematisierungen in argumentativer Funktion. Eine Typologie. In: Böke, Karin/Jung, Matthias/Wengeler, Martin (Hg.): *Öffentlicher Sprachgebrauch. Praktische, theoretische und historische Perspektiven. Georg Stötzel zum 60. Geburtstag gewidmet.* Opladen. S. 413-430.

Dr. Noah Bubenhofer
TU Dresden
Institut für Germanistik
Professur für Angewandte Linguistik
01062 Dresden
E-Mail: noah.bubenhofer@tu-dresden.de

Prof. Dr. Joachim Scharloth
TU Dresden
Institut für Germanistik
Professur für Angewandte Linguistik
01062 Dresden
E-Mail: joachim.scharloth@tu-dresden.de

Christian Kreuz

Anglizismenjagd auf dem Prüfstand – eine korpuslinguistische Annäherung an die Sprachkritik des Vereins Deutsche Sprache

1 Einleitung

Uwe Hinrichs (2009, 47) schreibt in einem Aufsatz mit dem Titel „Sprachwandel und Sprachverfall":

> Intensive Kontakte zwischen fremden Sprachen, Menschen und Kulturen haben zu allen Zeiten und überall auf der Welt Sprachwandel ausgelöst und beschleunigt. [...] Es gibt in der Forschung, Dokumentation und Erklärung der aktuellen Veränderungen [...] einige Faktoren, die die vollständige Erfassung und adäquate Erklärung der [Sprachwandel-] Phänomene verhindern.

Zu diesen Faktoren zählt Hinrichs die sogenannten „typischen Vorzeige-Bereiche" wie bspw. die Anglizismen, Anglismen oder Amerikanismen,[1] deren Verwendung manche Sprachwissenschaftler und Laienlinguisten zu einem Indikator für Sprachwandel oder sogar für einen Verfall der deutschen Sprache machen.

Zwischen den Polen Sprachwissenschaft und Laienlinguistik sieht sich wahrscheinlich auch der Verein Deutsche Sprache (VDS)[2], der u.a. mit seinem Anglizismenindex dazu aufruft, Anglizismen zu (ver)meiden. Diese Anglizismenkritik des VDS erfährt jedoch von sprachwissenschaftlicher Seite selbst des öfteren Kritik.

Jürgen Spitzmüller (2005, 270 f.) beispielsweise stuft die Anglizismenkritik des VDS ein als „partielle[n] Purismus", der „kontextspezifische Unterschiede im Anglizismengebrauch" nur unsystematisch erfasst und berücksichtigt, weshalb Sprachwissenschaftler im Gegensatz zum VDS zu anderen und differenzierteren Ergebnissen kommen. Thomas Niehr (2002) kritisiert ex aequo die fehlende Wissenschaftlichkeit und verweist darauf, dass der VDS die in der Sprachwissenschaft gängige Unterscheidung zwischen Sprachsystem und aktueller Rede nicht berücksichtige, was die untersuchten Anglizismen zu kontextlosen und sprechsituationsentbundenen Einheiten macht. Und auch Markus Nussbaumer (2003, 112) macht klar, dass die „These von der zerstörenden Flut der fremden Wörter und dessen, was sie

---

1 Im Folgenden wird der Einfachheit halber das Etikett „Anglizismus" bzw. „Anglizismen" verwendet.

2 http://www.vds-ev.de/, Stand: 12.07.2014.

Aptum. Zeitschrift für Sprachkritik und Sprachkultur. 10. Jahrgang, 2014, Heft 02, S. 155-172.

an Fremdem mitschleppen, der Flut, die alles überschwemmt und zerstört, [...] völlig undifferenziert im Raum [steht]. Es wird nicht genauer hingeschaut [...]." Weiter führt er zum Verhältnis zwischen den laienlinguistischen Einschätzungen des VDS und der Sprachwissenschaft aus: „Es ist möglicherweise nicht einfach so, dass der VDS die Erkenntnisse der Wissenschaft nicht zur Kenntnis nimmt, sondern dass er sie aktiv nicht zur Kenntnis nehmen will, wohl wissend, dass das genauere Hinsehen das schnelle Werten unmöglich machen würde" (Nussbaumer 2003, 115).[3]

Von sprachwissenschaftlicher Seite ist man sich somit einig, dass es „größerer methodischer Anstrengungen [bedürfe,] als sie die sog. Laienlinguistik unternimmt" (Niehr 2002, 12). Dieser Forderung und dem Konzept des hier vorliegenden Themenheftes entsprechend wird deshalb versucht, die Laiensprachkritik bezüglich der Anglizismen des Anglizismenindex auf den Prüfstand zu stellen. Über sprachstatistisch fundierte korpuslinguistische Messmethoden werden große Korpora, die ein möglichst repräsentatives und typisches Abbild des öffentlichen deutschen Sprachgebrauchs darstellen, nach Anglizismen und ihren angeblichen deutschen Entsprechungen durchsucht und die jeweiligen Einheiten in ihren Kontexten betrachtet. Die Korpuslinguistik erlaubt damit einen fundierten und differenzierten Einblick in die deutsche Sprache und in die Verwendung von Anglizismen und Wörtern, die als solche deklariert werden, über introspektive und subjektive Annahmen hinaus.

2 Der Verein Deutsche Sprache und sein Anglizismenindex – eine Bestandsaufnahme

In diesem Beitrag soll, wie zuvor erwähnt, die normative Wortkritik (vgl. Kilian/Niehr/Schiewe 2010, 86ff.) des Vereins Deutsche Sprache unter eine (korpus)linguistische „Lupe" genommen werden. Der Verein Deutsche Sprache e. V. bezeichnet sich selbst als Bürgerbewegung und hat laut eigener Angabe 36.000 Mitglieder, die sich in Regionalvertretungen organisieren. Ziele des VDS sind:

- Dem „Verdrängen durch das Englische",
- dem „Mangel an Sprachloyalität",
- „sprachlichen Fehlleistungen" und

3 Nussbaumer spricht damit die Wissenschaftsschelte an, die von Seiten des VDS immer wieder geäußert wird. Vgl. etwa die Forderungen des VDS an die Sprach- und Kulturwissenschaftler in den Leitlinien des VDS, „dass sie als sprachliche Vorbilder ihre Verantwortung bei der Entwicklung der deutschen Sprache anerkennen" (http://www.vds-ev.de/leitlinien, Stand: 12.07.2014).

- „der Anglisierung der deutschen Sprache entgegentreten".[4]

Mediatoren für eine solche Sprachkritik sind u.a. die Wahl zum „Sprachpanscher des Jahres"[5] oder der o.a. Anglizismenindex. Der Anglizismenindex erscheint als Online- und Buchausgabe und soll

> eine Orientierungshilfe für alle [sein], die deutsche Texte mit englischen oder pseudoenglischen Ausdrücken nicht verstehen oder sie ablehnen, und auch für jene, die Anglizismen in eigenen Texten möglichst vermeiden wollen.[6]

In der Netzausgabe erscheint der Index als Wörterliste (s. auch Abb. 1), in der für jeden Anglizismus eine oder mehrere „deutsche Entsprechungen" angegeben werden. Zusätzlich sollen Buchstaben Domänen[7], in denen der Anglizismus verwendet wird, angeben.

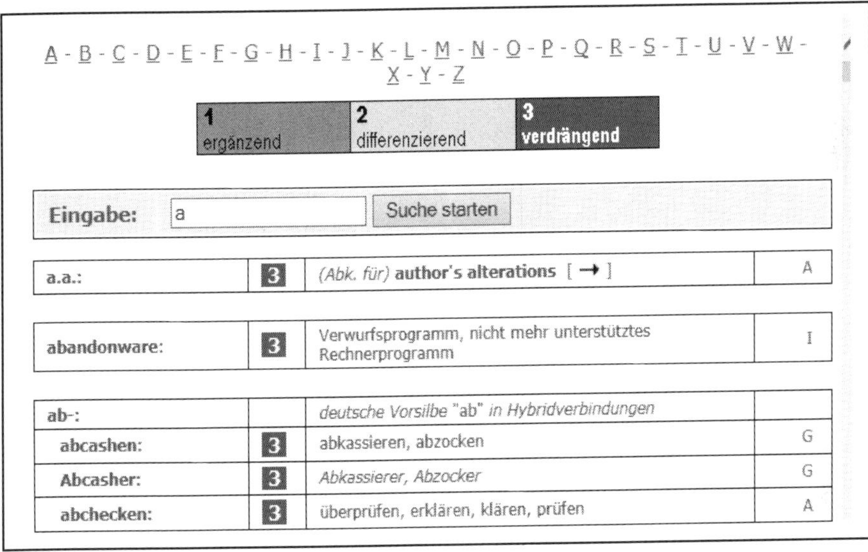

A - B - C - D - E - F - G - H - I - J - K - L - M - N - O - P - Q - R - S - T - U - V - W - X - Y - Z

1 ergänzend | 2 differenzierend | 3 verdrängend

Eingabe: a — Suche starten

a.a.:	3	(Abk. für) author's alterations [→]	A
abandonware:	3	Verwurfsprogramm, nicht mehr unterstütztes Rechnerprogramm	I
ab-:		deutsche Vorsilbe "ab" in Hybridverbindungen	
abcashen:	3	abkassieren, abzocken	G
Abcasher:	3	Abkassierer, Abzocker	G
abchecken:	3	überprüfen, erklären, klären, prüfen	A

Abb. 1: Anglizismenindex[8]

Die Anglizismen werden nach drei Kategorien unterteilt: „Ergänzend" sollen Anglizismen dann sein, wenn sie „eine Wortlücke schließen und

4 http://www.vds-ev.de/, Stand: 12.07.2014.

5 http://www.vds-ev.de/aktionen/sprachpanscher, Stand: 12.07.2014.

6 http://www.vds-ev.de/aindex-thema, Stand: 12.07.2014.

7 Domänen sind nach Angabe des VDS: (A) Allgemeinsprache, (G) Gesellschaft, Kultur und Politik, (I) Informatik im Alltag, (P) Popkultur und Szene, (R) Reklame und Werbung, (S) Sport, (T) Technik und Wissenschaft, (W) Wirtschaft (http://www.vds-ev.de/legende, Stand: 12.07.2014).

8 http://www.vds-ev.de/index, Stand: 12.07.2014.

dadurch neue Ausdrucksmöglichkeiten eröffnen"; „differenzierend" sind sie, wenn sie „einen neuen Sachverhalt bezeichnen, für den eine deutsche Bezeichnung noch zu bilden und/oder wieder einzuführen ist"; und „verdrängend [...] wirken Anglizismen, die statt existierender, voll funktionsfähiger und jedermann verständlicher deutscher Wörter und Wortfelder in zunehmendem Maße verwendet werden".[9] Die Anglizismen in der Kategorie „verdrängend" stellen den überwiegenden Teil der rund 7.500 Anglizismen im Index. Das mag zum einen an der Einstellung des VDS zu Anglizismen liegen und zum anderen an der Motivation derjenigen, die über eine frei zugängliche Eingabemaske auf der Webseite des VDS (s. Abb. 2) neue Anglizismen angeben können.

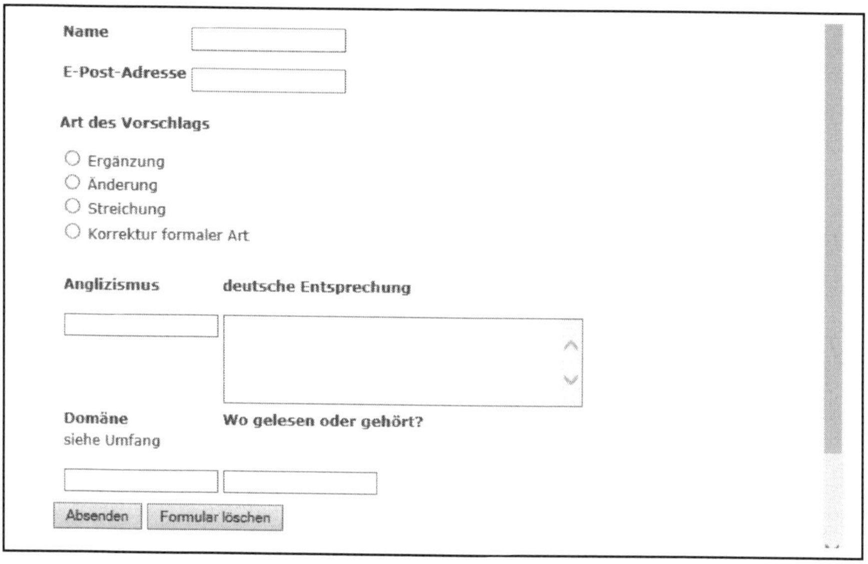

Abb. 2: Eingabemaske des Anglizismenindex[10]

Da die Anglizismen der dritten Kategorie angeblich deutsche adäquate Äquivalente „verdrängen" und letztlich die Verständigung und Entwicklung der deutschen Sprache behindern sollen, werden sie im Fokus dieses

9 http://www.vds-ev.de/einordnung-und-statistik, Stand: 12.07.2014.

10 http://www.vds-ev.de/aindex-eingabe, Stand: 12.07.2014. Bezeichnenderweise findet man vor dem zweiten Eingabefeld nicht die gängige Bezeichnung/den gängigen Anglizismus *Email, email, E-Mail, E-Mail* oder Hybridbildungen wie *Email-Adresse*, sondern die vom VDS bevorzugte deutsche Entsprechung *E-Post*. Nach genauerer Recherche sollte ersichtlich sein, dass mit *E-Post* das beim Deutschen Patent- und Markenamt eingetragene Markenzeichen der Deutschen Post für einen umfassenden Dienstleistungsservice gemeint ist und solche Übersetzungsversuche Verständlichkeit erst erschweren, statt sie zu fördern.

Aufsatzes stehen. Denn obwohl der VDS beteuert, dass der Index „weder puristisch noch fremdwortfeindlich"[11] sei, konstruiert der VDS insbesondere für Anglizismen dieser Kategorie ein Bedrohungsszenario, in dem die deutsche Sprache und die deutsche Kultur durch eine „Flut von Anglizismen" bedroht („Die deutsche Sprache wird seit Jahren von einer Unzahl unnötiger und unschöner englischer Ausdrücke überflutet"[12] und „Der VDS-Anglizismen-INDEX ist ein Standardwerk, der Verdrängung der deutschen Sprache aus immer mehr Bereichen des sprachlichen Alltags entgegenwirken soll."[13]) wird und von einer „Anglizismen-Krankheit" frühzeitig geheilt werden muss: „Damit begegnet [der Index] entbehrlichen Anglizismen schon im Anfangsstadium ihres Erscheinens."[14] Dass man sich von als pejorativ verstandenen Spracheinstellungsbezeichnungen wie *puristisch* oder *fremdwortfeindlich* distanziert, gleichzeitig aber mit so bezeichneten Einstellungen einhergehende Handlungszwänge als Konsequenz aus der konstruierten Bedrohung evoziert, kann als einer der strategischen Züge in der Argumentation des Vereins betrachtet werden. Weiterhin fehlt jegliche Begründung, warum ein Anglizismus eine Bedrohung sein soll bzw. verdrängend wirken soll. Etwaige Kriterien und Aspekte wie die Verwendungsfrequenz von Fremdwörtern und indigenen Wörtern im Vergleich, die Verwendungskontexte oder der Grad der semantischen Ähnlichkeit bleiben unberücksichtigt.[15]

3 Der Anglizismenindex korpuslinguistisch reflektiert

Die konkreten Ziele dieses Aufsatzes sind deshalb,

- über korpuslinguistische „Messungen" Verwendungsfrequenzen von Anglizismen im Index und deren indigener Entsprechungen zu berechnen und zu vergleichen, um zeigen zu können, ob ein Anglizismus ein indigenes Wort durch seine höhere Verwendungsfrequenz wirklich verdrängt oder nicht, und

---

11 http://www.vds-ev.de/konzept, Stand: 12.07.2014.

12 http://www.vds-ev.de/denglisch, Stand: 12.07.2014.

13 http://www.vds-ev.de/leitlinien, Stand: 12.07.2014. Auf die programmatischen Aufsätze, die man auf den Webseiten des VDS herunterladen kann (http://www.vds-ev.de/textbeitraege, Stand: 12.07.2014) und die die Einstellungen der VDS-Mitglieder und mithin auch die des VDS selbst spiegeln, wird in diesem Beitrag nicht eingegangen. Die Aufsätze der VDS-Mitglieder lassen sich bezüglich Einstellungen und Zielen inhaltlich aber auch auf die beiden zitierten Sätze kondensieren.

14 http://www.vds-ev.de/anglizismenindex, vgl. zur Metaphorik des Vereins Wirth (2010, 208ff.).

15 An dieser Stelle sei auch die Zuordnung von Anglizismen zu Domänen als intransparent und inhaltlich nicht begründet kritisiert.

- über nachgelagerte hermeneutische Betrachtungen der Verwendungskontexte die Wörter im Gebrauch zu fokussieren, um darüber u.a. den Grad semantischer Ähnlichkeit von Anglizismus und ihren Entsprechungen transparent zu machen.

Um korpuslinguistische „Messungen" vornehmen zu können, wurden drei schon bestehende Korpora und eine Metawebsuche herangezogen: das Archiv für geschriebene Sprache innerhalb der Rechercheplattform Cosmas II des Instituts für Deutsche Sprache[16], das Archiv Wortschatz der Universität Leipzig[17], die Datenbank für Gesprochenes Deutsch des Instituts für Deutsche Sprache[18], die aufgrund der im Verhältnis zu den großen Archiven kleineren Datenbestände nur wenige Belege verspricht, aber Aussagen über die gesprochene Sprache im Ansatz erlaubt, und eine modifizierte Suche über die Software KWIC-Finder[19], die eine Suche über Suchmaschinen im WWW zulässt und damit den Zugriff auf verschiedenstes Sprachmaterial (Online-Zeitungen, Online-Werbung, Blogs, Foren, Chatprotokolle etc.) möglich macht. Neben den statistischen Werten sollen im Sinne eines notwendigen qualitativen Schrittes die Kontexte der Belege in den Blick genommen werden.[20] Damit wird die korpuslinguistische Fundierung von Annahmen und Aussagen über Einträge im Anglizismenindex zwar nicht vollends dem gerecht, was u.a. Kilian/Niehr/Schiewe (2010, 87) fordern: „Es müsste [...] die unterschiedliche Fremdwortfrequenz in verschiedenen Domänen (Werbung, Technik, Sport etc.) sowie im mündlichen und schriftlichen Sprachgebrauch berücksichtigt werden." Da eine Kategorisierung des Sprachmaterials nach Domänen fehlt, ist eine vollkommen saubere methodische Durchführung gemäß dieser Vorgaben in dieser empirischen Studie nicht gewährleistet und wird auch nicht behauptet. Jedoch sollen statistische Ergebnisse dem nicht begründeten und kriterienlosen Einordnen von Wörtern in den Anglizismenindex und der offenbar introspektiven Zuordnung zu deutschen Entsprechungen als (Gegen)Argumente gegenübergestellt werden. Außerdem können über die Betrachtung der Verwendungskontexte vorsichtige Aussagen über den Gebrauch in Domänen gemacht werden.

---

16 https://cosmas2.ids-mannheim.de/cosmas2-web/, Stand: 12.07.2014.

17 http://wortschatz.uni-leipzig.de/, Stand: 12.07.2014.

18 http://dgd.ids-mannheim.de, Stand: 12.07.2014.

19 http://kwicfinder.com/, Stand: 12.07.2014. Bspw. wurde die Suchmaschine Google mit aufgenommen und Einstellungen vorgenommen, dass nur deutsche Webseiten, Foren etc. durchsucht werden.

20 Die Verbindung von quantitativen und qualitativen Analyseschritten, wie sie Bubenhofer 2009 vorschlägt, ist unabdinglich. Zur Kritik an der Vorstellung, über genuin quantitative Herangehensweisen Sprachdaten inhaltlich exhaustiv erschließen zu können, vgl. Kreuz/Wengeler 2014.

Da die Anglizismen der Kategorie „verdrängend" im Mittelpunkt der empirischen Untersuchung/Prüfung stehen sollen, wurden aus der Menge der als „verdrängend" eingestuften Indexeinträge 50 Stichproben per Zufallsprinzip entnommen, von denen hier drei Fälle (*abcashen*, *face cream* und *pancake*) exemplarisch vorgestellt werden.

abcashen

Dem Anglizismus *abcashen* entsprechen im Anglizismenindex die beiden Wörter *abkassieren* und *abzocken*. *abcashen* fällt wie alle hier aufgeführten Beispiele unter die Kategorie „verdrängend". Die Hybridbildung ist morphologisch als Analogbildung zu den deutschen Entsprechungen einzustufen, insofern analog zur Bildung von *abkassieren* und *abzocken* das Wort aus der präfigierten Partikel *ab-*, einem Verbstamm – hier dem englischen Verb *to cash* – und einem infinitivischen Suffix *-en* gebildet wird. Während das Partikelverb *abkassieren* jedoch erst durch die Affigierung seine pejorative Bedeutung erhalten hat,[21] verzeichnet der digitale Pons Englisch[22] mehrere Lesarten des Verbs *to cash* u.a. in der Bedeutung „etw. einlösen" und „aus etw. Kapital schlagen" oder „abzocken".[23]

Im Archiv für geschriebene Sprache findet man *abcashen* in absoluten Zahlen ausgedrückt 82mal. Davon entfallen 48 Belege auf den Zeitraum von 1990 bis 1999. Für die Folgejahre ist eine abnehmende Verwendungsfrequenz zu beobachten. Im Zeitraum von 2000 bis 2009 tauchen Belege mit *abcashen* lediglich 23mal auf, von 2010 bis 2014 sind nur noch elf Belegstellen zu finden. Es ist demnach ein Kernzeitraum festzustellen, in dem der Anglizismus erstmalig verwendet wird und in Relation zu den folgenden Jahren, in denen die Verwendungsfrequenz abnimmt, hochfrequent verwendet wird. Das angeblich verdrängende Wort *abcashen* wird in Kontexten wie Finanzen, Börse und Steuern und vor allem nur in Texten aus Österreich verwendet, während *abkassieren* und *abzocken* zwar in identischen Kontexten, jedoch vornehmlich in Texten aus Deutschland gebraucht werden. So schreibt bspw. die österreichische Tageszeitung KLEINE ZEITUNG am 16.01.1998 „Risikofreude war im abgelaufenen Jahr der Schlüssel zum ‚abcashen' an den Börsen" und verwendet wie in weiteren 10 Belegen Anführungszeichen als Distanzmarker. Im zweiten Zeitraum werden die Distanzierungszeichen in vier Belegen verwendet. Interessanterweise wird das Übergewicht an Fundstellen in österreichischen Texten in einer im Archiv gespeicherten Wikipedia-Diskussion zum Thema „Varietäten" erklärt. Dort schreibt ein Diskussionsteilnehmer: „abcashen und einstreifen sagt man

---

21 Vergleiche zur Kritik an und zur Funktionalität von Partikelverben Gerdes 2013.

22 http://en.pons.com/translate, Stand: 12.07.2014.

23 Vgl. die Tabelle unter http://en.pons.com/translate?q=cash&l=deen&in=&lf=en, 12.07.2014.

nur in Österreich, abtischen nur in der Schweiz und absahnen nur in Deutschland".[24] Die Verwendungsfrequenzen der deutschen Entsprechungen *abkassieren* und *abzocken* können die Behauptung des VDS, dass diese vom Anglizismus *abcashen* verdrängt zu werden drohen, nicht bestätigen. Die Suchanfrage nach *abkassieren* erzeugt eine Ergebnisliste mit 3.643 Treffern von 1960 bis 2014. Die zweite deutsche Entsprechung *abzocken* ist 1.556mal in einem Zeitraum von 1990 bis 2014 zu finden. Auch hier markieren Distanzierungszeichen des Öfteren das Wort.

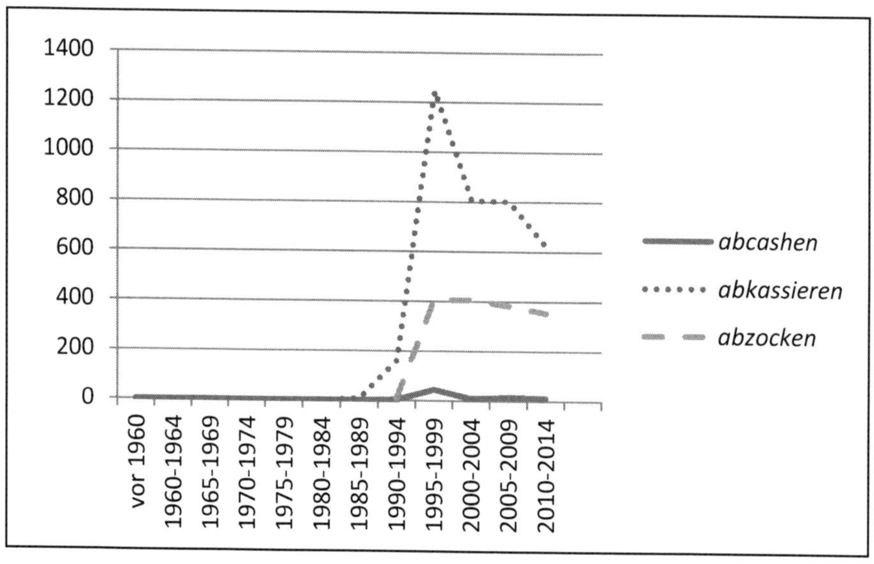

Abb. 3: Suchanfragen Archiv für geschriebene Sprache *abcashen, abkassieren, abzocken*

Wie das Diagramm (Abbildung 3) illustriert, sind zwar abnehmende Verwendungsfrequenzen für beide deutschen Entsprechungen im Archiv für geschriebene Sprache auszumachen, jedoch werden diese zuletzt noch 30 bzw. 50mal öfter als *abcashen* verwendet. Lässt sich dies auch in den anderen Korpora bestätigen? Folgende Tabelle zeigt die absolute Verwendungshäufigkeit in den anderen Korpora:

Die absoluten Zahlen der Treffer in der Datenbank für Gesprochenes Deutsch sind zwar statistisch wenig aussagekräftig, belegen aber, dass der „verwerfliche" Gebrauch des Anglizismus *abcashen* hier nicht nachzuweisen ist, während es für eine der deutschen Entsprechungen zumindest einen Treffer gibt. Das aus den Ergebnissen des Archivs für geschriebene Sprache errechnete Übergewicht der Verwendungshäufigkeit der

24 http://de.wikipedia.org/wiki/Diskussion:Varietät_(Linguistik): Wikipedia (2009).

deutschen Entsprechung zum Gebrauch des Anglizismus *abcashen* spiegelt sich auch in den Ergebnissen der Datenbank Wortschatz Universität Leipzig und den Ergebnissen aus der Websuche (KWIC WWW) wider. Die WWW-Ergebnisse geben weiteren Einblick in die Kontexte, in denen speziell *abcashen* verwendet wird: Der Anglizismus taucht außer in den Kontexten Finanzen, Börse und Steuern in der Werbung auf. So wirbt ein Hotel mit günstigen Serviceleistungen („Hotel Mövenpick Frankfurt City Abcashen mit W-Lan") oder Autohäuser der Automarke Skoda mit günstigen Preisen („Aufblühen und abcashen! -> Autohaus Kirchberger Škoda").

	abcashen	***abkassieren***	***abzocken***
Datenbank für Gesprochenes Deutsch	0	1	0
Wortschatz Universität Leipzig	15	285	293
KWIC WWW	16.800	689.000	426.000

Abb. 4: Tabelle Verwendungsfrequenz weitere Korpora *abcashen, abkassieren, abzocken*

Für den Anglizismus *abcashen* kann anhand der zuvor skizzierten Suchergebnisse eine Verdrängung deutscher indigener Wörter nicht bestätigt werden. Der Anglizismus kann lediglich als niedrigfrequente Alternative eingestuft werden.

face cream

Dem Anglizismus *face cream* entspricht im Anglizismenindex das Wort *Gesichtscreme*. *Face cream* fällt ebenfalls unter die Kategorie „verdrängend". Obwohl die Suchanfrage im Archiv für geschriebene Sprache nach *face* und *cream* als einzeln vorkommende Wörter Fundstellen von über 9.000 (*face*) und über 2.800 (*cream*) Treffern ergab, produzierte die Suchanfrage nach beiden Wörtern als zusammenhängende Einheit nur 39 Treffer verteilt über anderthalb Jahrzehnte. Davon verfallen 33 Treffer auf die Jahre zwischen dem Erstaufkommen im Korpus im Jahr 2000 und 2009, und sechs Ergebnisse verteilen sich über den Zeitraum von 2010 bis 2014. Interessant ist, dass bloß drei Treffer nicht der Diskussion um die mangelhafte Bewertung der Gesichtscreme „Uschi Glas hautnah Face Cream" zuzuordnen sind. Damit stimmen die Treffer für *face cream* mit der Nennung des Produktnamens *Uschi Glas hautnah Face Cream* und nicht mit der Benennung verschiedener Gesichtscremes als *face cream* überein (vgl. Abb. 5).

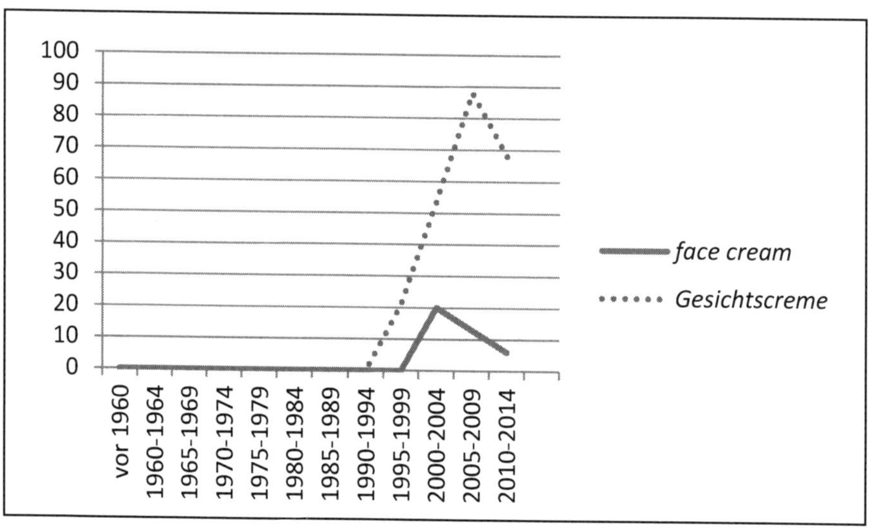

Abb. 5: Suchanfragen Archiv für geschriebene Sprache *face cream* und *Gesichtscreme*

Wenn sich die Treffer zu *face cream* auch nahezu alle auf die Diskussion um das Produkt beziehen, ist in diesem wie im vorherigen Fall die Verwendungsfrequenz der Entsprechung, die in verschiedenen Kontexten wie Nachrichten und Werbung auftauchte, um ein mehrfaches höher als die des Anglizismus. Teilweise und sehr unbestimmt tritt übrigens auch die französische Herkunft zutage, indem *Crème* mit accent grave auf dem ersten *e* markiert wird und sich damit die scheinbar indigene deutsche Entsprechung als französisch-deutsche Hybridbildung „outet". Denn *Creme* bzw. *Crème* ist im Deutschen „seit Beginn des 18. Jhs. in der Bedeutung ‚Süßspeise' belegt, in der 1. Hälfte des 19. Jhs. wird es (nach frz. Vorbild) auf die gesellschaftliche Oberschicht übertragen (*die Creme der Gesellschaft*) und seit Anfang des 20. Jhs. auch für kosmetische ‚Salbe' (vgl. *Hautcreme*) gebraucht".[25] Offenbar ist man beim VDS an etwaigen Einflüssen anderer Sprachen auf das Deutsche im Prozess der Entlehnung nicht interessiert.

Während die Suche in den Daten des Archivs für Gesprochenes Deutsch keine Ergebnisse für *face cream* und *Gesichtscreme* erbrachte und nur ein Unterschied in der Verwendung der Zweitglieder *cream* und *creme* ein geringes häufigeres Auftreten von *creme* erwies, zeigt die Datenbank Wortschatz Universität Leipzig auf Basis ihrer Korpusdaten einen signifikanten Unterschied zugunsten der deutschen Entsprechung. Die Ergebnisse der Websuche (KWIC WWW) belegen die bisherigen Unterschiede. Sieht man

25 Artikel *Crème* in Etymologisches Wörterbuch des Deutschen (http://www.dwds.de/?qu=Creme, 12.07.2014), Hervorhebung i.O.

sich die einzelnen Treffer der beiden Suchanfragen an, sind zudem unterschiedliche Kontexte und Verwendungsweisen zu erkennen: *face cream* wird häufiger als Produktname oder als Zusatz zum Produktnamen eingesetzt. So entstehen Bezeichnungen wie *Venus - Aqua 24 Face Cream, Daily Face Cream - First Aid Beauty* oder *Shea Butter Ultra Rich Face Cream*, wobei die Entsprechung *Gesichtscreme* in gleichen Kontexten als Hyperonym für eine Produktgruppe oder als der Werbung beigefügte Erklärung funktioniert. Ein kleinerer Teil der Treffer aus der Websuche macht deutlich, dass *Gesichtscreme* insbesondere bei Pflegeprodukten eingesetzt wird, bei denen man Eigenschaften, die man mit Wörtern wie *bio, natürlich, hochwertig* etc. benennt, in den Mittelpunkt stellt.

	face cream	***Gesichtscreme***
Datenbank für Gesprochenes Deutsch	0 (nur für *cream* waren es 0 Treffer)	0 (nur für *creme* waren es 3 Treffer)
Wortschatz Universität Leipzig	0	30
KWIC WWW	120.000	2.240.000

Abb. 6: Tabelle Verwendungsfrequenz weitere Korpora für *face cream* und *Gesichtscreme*

Anscheinend ist gerade der Bereich der Produktnamen der „Stein des Anstoßes" für den VDS. Allein hier ist die Verwendungshäufigkeit des Anglizismus hoch, obgleich die Entsprechung wesentlich häufiger auftritt und zu berücksichtigen ist, dass in einigen Fällen zumindest das Zweitglied *creme/Creme* oder sogar *Gesichtscreme* als Hyperonym oder in zusätzlichen Erklärungen in der Werbung enthalten ist (vgl. bspw. Abb. 7) und sich dadurch sogar eine Schnittmenge von 110.000 Treffern, in der beide Wörter gemeinsam auftreten, ergibt.

Abb. 7: Produktwerbung im Onlineshop von Douglas[26]

26 https://www.douglas.de/douglas/Pflege-Gesicht-Tagespflege-Venus-Perfect-Face-Care-Aqua-24-Face-Cream_productbrand_3000006396.html, Stand: 12.07.2014.

pancake

Dem Anglizismus *pancake* ist im Anglizismenindex das Wort *Pfannkuchen* als deutsche Entsprechung zugeordnet. *pancake* fällt wie die beiden zuvor genannten Beispiele unter die Kategorie „verdrängend".

Treffer für den Anglizismus *pancake* ließen sich im Archiv für geschriebene Sprache insgesamt 204 zählen (s. Abb. 8), die sich auf zweieinhalb Jahrzehnte verteilen. Nach dem Erstbeleg im Korpus im Jahr 1992 steigt die Kurve der Verwendungshäufigkeit auf bis zu 20 Belegstellen in Zeitabschnitten von je fünf Jahren an und bleibt bei dieser Frequenz. *Pfannkuchen* findet man hingegen in 3.194 Belegen, obwohl Hyperonyme wie *Eierkuchen* und Synonyme bzw. dialektale Varianten wie *Eierdätscher, Pannekuche* oder *Pfannakuacha* als weitere mögliche indigene Entsprechungen nicht mit einbezogen wurden. Der Erstbeleg im Korpus ist in der ersten Gesamtausgabe der „Kinder- und Hausmärchen", gesammelt von Jacob und Wilhelm Grimm, zu Anfang des 19. Jahrhunderts auszumachen. Seit Mitte der 1990er Jahre steigt die Häufigkeit der Verwendung im Zuge des aufkommenden Internets und seiner Wissens- und Informationsplattformen immer weiter an. Über diese Plattformen sind ein Großteil der Belege für *Pfannkuchen* und ein kleinerer Teil der Belege für *pancake* verteilt. Die Belege, die sich teils überschneiden, beschäftigen sich meist mit der Unterscheidung von *pancake* und *Pfannkuchen* bezogen auf Aussehen und Herstellung. So definiert man in der Ausgabe der ZEIT vom 17.11.1961: „Ich hätte haben können: Shrimp Louis – Langustenschwänze in Mayonnaise mit Ei und Tomaten und Sauce Louis; American Salad Bowl – Puter, Schinken, Käse, Ei in Tausend-Insel-Sauce; Hamburger Special – Beefsteak in Brötchen mit Krautsalat, Pommes frites und Gewürzgurke; Cheeseburger – ungefähr das gleiche mit zerschmelzendem Käse; Pancake Special – Pfannküchlein mit Kirschen und Sirup und Schlagsahne." In neueren Belegen bspw. von Wikipedia differenziert man: „Der Unterschied zu den deutschen Eierkuchen liegt in der Form des *Pancakes*. Der *Pancake* ist meist etwas kleiner und wesentlich dicker, da sich der Teig in der Pfanne nicht so sehr ausbreitet. Außerdem ist es typisch, dass der Teig in der Pfanne Bläschen entwickelt, die später den *Pancake* luftig machen. Das kann durch das Steifschlagen des Eiweißes bewirkt werden – wird heute in der Regel aber durch eine sehr großzügige Zugabe von Backpulver erreicht."[27]

---

27 http://de.wikipedia.org/wiki/Eierkuchen, Stand: 12.07.2014.

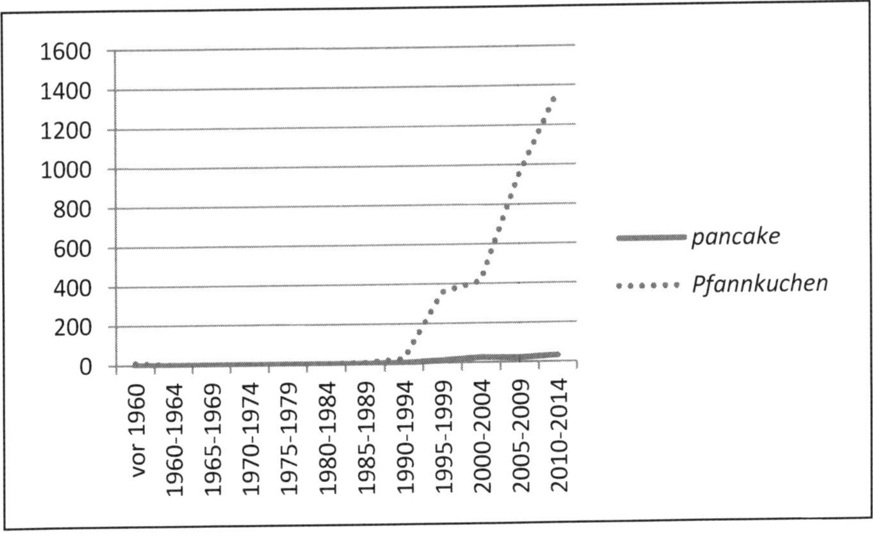

Abb. 8: Suchanfragen Archiv für geschriebene Sprache *pancake* und *Pfannkuchen*

Zur Sicherung der Ergebnisse aus dem Archiv für geschriebene Sprache illustriert die folgende Tabelle die absolute Verwendungshäufigkeit in den anderen Korpora:

	pancake	*Pfannkuchen*
Datenbank für Gesprochenes Deutsch	0	10
Wortschatz Universität Leipzig	15	453
KWIC WWW	496.000	3.100.000

Abb. 9: Tabelle Verwendungsfrequenz weitere Korpora für *pancake* und *Pfannkuchen*

Die Tabelle (vgl. Abb. 9) macht in diesem Fall einen deutlichen Unterschied zwischen den Treffermengen in der Datenbank für Gesprochenes Deutsch transparent. Auch die Datenbank Wortschatz Universität Leipzig belegt wie die Websuche (KWIC WWW) eine mehrfach höhere Verwendungsfrequenz der deutschen Entsprechung *Pfannkuchen*. Ein Teil dieser Treffer bezieht sich wie zuvor schon erwähnt auf die je spezifische Form und Herstellung von pancakes und Pfannkuchen. Dabei werden *pancakes* zur Unterscheidung markiert, z.B. mit dem vorangestellten Attribut *amerikanisch*, nachgestellt mit festen Wendungen wie *amerikanische Art* oder mit Adjunktorphrasen wie z.B. *wie aus Amerika*, *wie aus Tennessee* etc., während *Pfannkuchen* in den Belegen unmarkiert erscheinen.

Für die deutsche Entsprechung *Pfannkuchen* ist eine Verdrängung durch den Anglizismus *pancake* nicht festzustellen. Dies kann anhand der unterschiedlichen Verwendungsfrequenzen und dem Gebrauch der Wörter im Kontext belegt werden. *Pfannkuchen* wird den Suchergebnissen der verschiedenen Datenbanken und Archive entsprechend wesentlich häufiger verwendet, sodass die These der Verdrängung des deutschen Wortes durch den Anglizismus nicht verifiziert werden kann. Außerdem weist der konkrete Sprachgebrauch in den Einzelergebnissen auf eine semantische Differenzierung zwischen dem amerikanischen *pancake* und dem deutschen *Pfannkuchen* hin. Der Sprachbenutzer scheint sich also auch ohne normative Sprachregelungen wie die des VDS sprachlich orientieren zu können. Außerdem sollte *Pancake*, wenn das Wort überhaupt in einen solchen Index gehört, nach den Vorgaben des VDS als „differenzierend" eingestuft werden.

5 Ein Fazit

5.1 Der Anglizismenindex – Fazit einer korpuslinguistischen Evaluation

Auf seiner Webseite zum Konzept des Anglizismenindex schreibt der VDS: „Entscheidend für die Aufnahme eines Anglizismus in den INDEX ist dabei nicht die Häufigkeit seines Auftretens. Vielmehr will er jedem neuen Anglizismus so früh wie möglich eine deutschsprachige Alternative gegenüberstellen."[28] Was sind dann aber Kriterien für die Aufnahme von Anglizismen, letztlich für die Erstellung des Indexes überhaupt? Dies verrät der VDS nicht. Der Verschleierung von Kriterien – wenn sie dann überhaupt vorhanden sind – stellt der VDS gleichzeitig englische Einflüsse auf die deutsche Sprache als Bedrohung zur Seite. Dabei bleibt unerwähnt und unreflektiert, dass zum einen der Einfluss des Englischen auf die deutsche Sprache nicht nur auf der lexikalischen, sondern auf verschiedenen Ebenen wirkt. So haben wir neben Fremd- und Lehnwörtern, die wir als solche aus der Quellsprache übernehmen, Entlehnungen auf der semantischen Ebene wie Lehnbedeutungen, Lehnbildungen und Lehnschöpfungen[29] und auf der morphologischen Ebene Analogbildungen nach englischem Muster, neue Wörter aus englischem Sprachmaterial nach deutschem Muster und zahlreiche Hybridbildungen. Zum anderen muss, wie Ulrich Busse (1999, 19) schreibt,

> dringend zwischen der Allgemeinsprache und Fach- und Sondersprachen differenziert werden. [Denn die] Zahl der Anglizismen z.B. im Computer-

---

28 http://www.vds-ev.de/konzept, Stand: 12.07.2014.

29 Vgl. zur Typologie der Wortentlehnungen Betz 1959.

> wesen, in der Werbe- und der Jugendsprache ist ungleich höher als in der Allgemeinsprache. Viele der fachspezifischen Anglizismen bleiben dabei dem Durchschnittssprecher unbekannt oder unverständlich. Dies trifft allerdings ohne Einschränkung auch auf viele gräkolateinische Fachwörter zu.

Schließlich ist zu berücksichtigen: „Im Verhältnis zum gesamten Wortschatz der deutschen Gegenwartssprache, aber auch im Vergleich zu anderen Fremd- und Lehnwörtern ist die Zahl der Wörter aus dem Englischen immer noch sehr gering" (Hoberg 2000, 306). Fragen wie „Sprechen wir bald alle Denglisch oder Germeng?" (Hoberg 2000) oder auch „Verfällt die deutsche Sprache" (Schlobinski 2002) durch den Anglizismengebrauch? sollte man entsprechend der Stellungnahme der Gesellschaft für deutsche Sprache (1999, 219f.) folgendermaßen begegnen:

> Anglizismen sind keine bösen Bazillen, die in die gute deutsche Sprache eindringen und sie krank machen oder gar zerstören, und die Deutschen werden nicht von den Amerikanern sprachlich ‚kolonisiert'. Es hängt von der Sprachgemeinschaft – von uns – ab, welche Fremdwörter wir im Deutschen heimisch werden lassen. […] Das heißt zunächst, dass jeder einzelne verantwortlich entscheiden muss, wie er mit Fremdwörtern umgeht.

Die Ergebnisse der Korpusanalyse und die anschließende qualitative Analyse zeigen, dass der VDS ohne rational begründete und reflektierte Kriterien Anglizismen bzw. Wörter und Wortbildungen, die der VDS als solche einstuft, als etwas Schlechtes verteufelt und diesen normativ indigene (Schein)Entsprechungen zuordnet. Dabei macht man nicht transparent, warum Anglizismen in den Index aufgenommen werden und als solche deklariert werden, ab wann und warum ein Anglizismus als verdrängend eingestuft wird, nach welchen Kriterien deutsche Entsprechungen ausgewählt werden und wie diese in semantisch-pragmatischer Hinsicht in Relation zum Anglizismus stehen, den diese schlichtweg ersetzen sollen. In den untersuchten Fällen zeigt entweder der Vergleich der Verwendungsfrequenzen oder die nähere Betrachtung des Gebrauchskontextes, dass die aus dem Index stichprobenartig ausgewählten Anglizismen deutsche Wörter durch ihren wesentlich selteneren Gebrauch gar nicht verdrängen können, in unterschiedlichen Kontexten verwendet werden, in Belegstellen teilweise symbiotisch gemeinsam auftreten oder auf verschiedene außersprachliche Referenten verweisen. Die Sprachbenutzer, denen man einen solchen Index an die Hand geben will, bevor die deutsche Sprache untergeht, scheinen sich also durchaus bewusst zu sein, wann welches Wort einzusetzen ist.

Neben der Kritik sind damit vor allem die fehlenden Kriterien und die mangelnde Transparenz diejenigen Defizite, die den Anglizismenindex angreifbar machen. Wenn man überhaupt eine solche normative Wortkritik betreibt, sollte man sich an Sprachdatenbanken wie dem Neologismenwörterbuch[30] des Instituts für deutsche Sprache orientieren, in dem übrigens auch einige der im Index enthaltenen Anglizismen vertreten sind, wie z.B. *Afterhourparty* bzw. *after hour party* (vgl. Abb. 10).

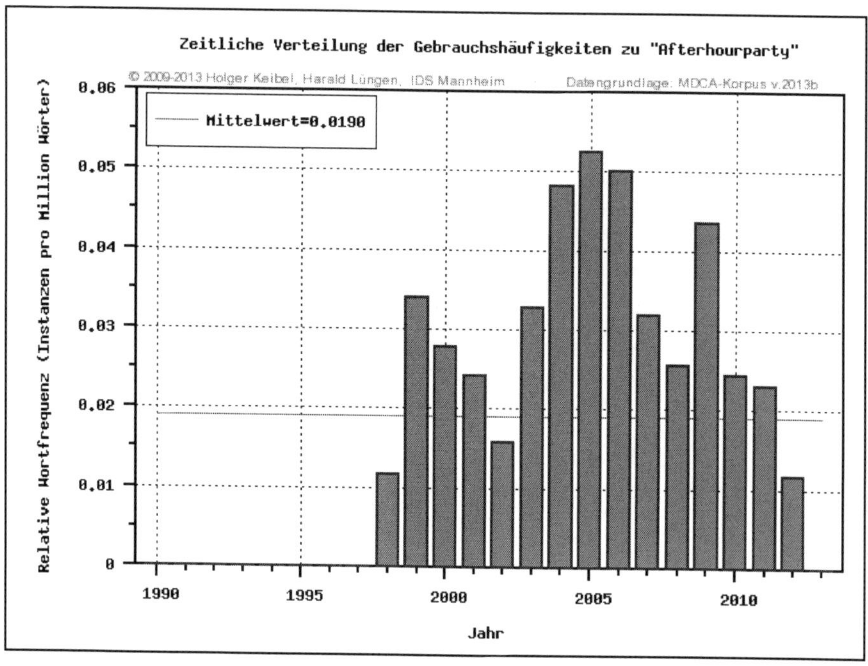

Abb. 10: Verteilung der Verwendungsfrequenz von *Afterhourparty* im Neologismenwörterbuch[31]

Das Onlinewörterbuch macht nicht nur Kriterien und die Datenbasis transparent, sondern zeigt die Entwicklung des Wortes anhand von Wortgebrauchsstatistiken auf, differenziert einzelne Lesarten und gibt Beispiele, um die Verwendung im Kontext zu zeigen, obwohl auch hier einzelne Artikel einer Aktualisierung bedürfen.

5.2 Sprachkritik und Korpuslinguistik

Während die laienlinguistische Sprachkritik des VDS wohl mehr Energie in gezielte Öffentlichkeitsarbeit steckt, als sich zu bemühen, ihre Aussagen wissenschaftlichen Gütekriterien entsprechend zu erzeugen, hat eine aufgeklärte wissenschaftliche Sprachkritik andere Ziele. Die Herausgeber die-

30 http://www.owid.de/wb/neo/start.html, Stand: 12.07.2014.

31 http://www0.ids-mannheim.de/kl/neoplots/owid/308789.html, Stand: 12.07.2014.

ses Themenheftes, Jürgen Schiewe und Martin Wengeler, verstehen Sprachkritik bspw. „als ein Regulativ in den Einstellungen zur Sprache und den Urteilen über Sprachgebräuche, ein Instrument der Reflexion, das helfen kann, Sprache eventuell anders, weil begründeter, zu bewerten, als es in der alltäglichen Wahrnehmung oft geschieht" (Schiewe/Wengeler 2005, 2). Insofern muss sich eine so verstandene Sprachkritik distanzieren von Aussagen, die auf der Basis introspektiver Einschätzungen gewonnen werden, und sie sollte einem sprachpolitischen Populismus wie dem des VDS mit Wissenschaftlichkeit entgegentreten.

Die Korpuslinguistik bietet zwar keinen originär „neuen Zugang zu Sprache und den Kategorien ihrer Beschreibung" (Scharloth/Eugster/Bubenhofer 2013, 348), stellt aber Werkzeuge bereit, um Annahmen und Thesen zu evaluieren oder auf der Grundlage korpuslinguistischer Ergebnisse neue Thesen zu generieren. Die Stärken der Korpuslinguistik sind erstens die Möglichkeit, mit großen und dem Forschungsinteresse entsprechend repräsentativen und typischen Sprachdatenmengen bzw. Korpora zu arbeiten und über die Datenmengen statistisch fundierte Aussagen zu machen. Damit hebt sich die Korpuslinguistik von Aussagen aufgrund subjektiver oder introspektiver Einschätzungen, wie sie beim VDS zu finden sind, ab, indem sie der Sprachkritik reliable Ergebnisse und transparente Analysewege zur Verfügung stellt.

Wie die empirische Analyse in diesem Beitrag gezeigt hat, ist jedoch auch zu empfehlen, insbesondere die statistische, d.h. quantitativ arbeitende Korpuslinguistik nicht zum „Heiligen Gral" empirischer Arbeit zu stilisieren. Die Verschränkung von quantitativer und qualitativer Analyse bleibt für die Sprachwissenschaft im Allgemeinen und die Sprachkritik im Besonderen unerlässlich. Es ist also davon abzuraten, sich in Keyword-in-context-Ansichten und Frequenzlisten zu verlieren, ohne die einzelnen Ergebnisse selbst in Augenschein zu nehmen.

Literatur

Betz, Werner (1959): Lehnwörter und Lehnprägungen im Vor- und Frühdeutschen. In: Maurer, Friedrich/Rupp, Heinz (Hg.): *Deutsche Wortgeschichte*. Bd. I. Berlin. 3. Aufl. 1974, S. 134-164.

Bubenhofer, Noah (2009): *Sprachgebrauchsmuster. Korpuslinguistik als Methode der Diskurs- und Kulturanalyse*. Berlin/New York.

Busse, Ulrich (1999): Keine Bedrohung durch Anglizismen. In: *Der Sprachdienst* 43, S. 18-20.

Etymologisches Wörterbuch des Deutschen. In: Digitales Wörterbuch der deutschen Sprache (DWDS), http://www.dwds.de/, 12.07.2014.

Gerdes, Jens (2013): *Silbenmüll* in *Blähverben*? Anmerkungen zu vermeintlich redundanten Verbpartikeln. In: *Aptum. Zeitschrift für Sprachkritik und Sprachkultur* 9, S. 1-28.

Gesellschaft für deutsche Sprache (1999): Stellungnahme der Gesellschaft für deutsche Sprache zum englischen Einfluss auf die deutsche Gegenwartssprache. In: *Der Sprachdienst* 43, S. 217-220.

Hinrichs, Uwe (2009): Sprachwandel und Sprachverfall? Zur aktuellen Forschungssituation im Deutschen. In: *Muttersprache* 119, S. 47-57.

Hoberg, Rudolf (2000): Sprechen wir bald alle Denglisch oder Germeng? In: Eichhoff-Cyrus, Karin M./Hoberg, Rudolf (Hg.): *Die deutsche Sprache zur Jahrtausendwende. Sprachkultur oder Sprachverfall?* Mannheim/Leipzig/Wien/Zürich (= Thema Deutsch; 1), S. 303-316.

Kilian, Jörg/Niehr, Thomas/Schiewe, Jürgen (2010): *Sprachkritik. Ansätze und Methoden der kritischen Sprachbetrachtung.* Berlin/New York.

Kreuz, Christian/Wengeler, Martin (2014). Quantitative und qualitative Methoden der Diskurslinguistik am Beispiel der sprachlichen Konstruktion von Wirtschaftskrisen. In: *Mitteilungen des Deutschen Germanistenverbandes* 61, 1/2014, S. 60-72.

Neologismenwörterbuch des Instituts für deutsche Sprache. In Online-Wortschatz-Informationssystem Deutsch (OWID) http://www.owid.de/wb/neo/start.html, 12.07.2014.

Niehr, Thomas (2002): Linguistische Anmerkungen zu einer populären Anglizismen-Kritik. Oder: Von der notwendig erfolglos bleibenden Suche nach dem treffenderen deutschen Ausdruck. In: *Sprachreport* 4/2002, S. 4-10.

Nussbaumer, Markus (2003): Kommentar zu: Die Zukunft der deutschen Sprache. Eine Streitschrift. Hrsg. v. Helmut Glück und Walter Krämer. Leipzig: Ernst Klett Schulbuchverlag 2000. In: *Zeitschrift für germanistische Linguistik* (ZGL) 1/2003, S. 109-118.

Scharloth, Joachim/Eugster, David/Bubenhofer, Noah (2013): Linguistische Diskursanalyse und Data-driven Turn. In: Busse, Dietrich/Teubert, Wolfgang (Hg.): *Linguistische Diskursanalyse: neue Perspektiven.* Wiesbaden, S. 345-380.

Schiewe, Jürgen/Wengeler, Martin (2005): Zeitschrift für Sprachkritik und Sprachkultur. Einführung der Herausgeber zum ersten Heft. In: *Aptum. Zeitschrift für Sprachkritik und Sprachkultur* 1, S. 1-13.

Schlobinski, Peter (2002): *Fremde Wörter: Verfällt die deutsche Sprache?* Online verfügbar auf mediensprache.net: http://www.mediensprache.net/de/essays/1/, 12.07.2014.

Spitzmüller Jürgen (2005): *Metasprachdiskurse. Einstellungen zu Anglizismen und ihre wissenschaftliche Rezeption.* Berlin/New York.

Wirth, Caroline (2010): *Der Verein Deutsche Sprache. Hintergrund, Entstehung, Arbeit und Organisation eines deutschen Sprachvereins.* Bamberg.

Dr. Christian D. Kreuz
Universität Trier
FB II - Germanistik
Germanistische Linguistik
54286 Trier
E-Mail: kreuz@uni-trier.de

Miriam Olk

Porno-Rap und die Konzeption von *Bitch*. Eine korpusbasierte Frame-Analyse

Stöhn Bitch und schrei Bitch, denn ich hab kein Respekt, weil du weiblich bist.
DeineLtan ›Blasehase‹ [Orgi Pörnchen 5 - Der Soundtrack, 2008]

1 Der Untersuchungsgegenstand und das Phänomen ‚Porno-Rap'

‚Porno-Rap' ist ein im Zuge des deutschsprachigen ‚Gangsta-Rap' seit 2000/2001 von einer breiteren Öffentlichkeit wahrgenommenes Phänomen der Rapmusik.[1] Aufgrund einer beträchtlichen Schnittmenge ist ‚Porno-Rap' von ‚Gangsta-Rap' nicht eindeutig abgrenzbar. Als spezifische Ausformung des ‚Gangsta-Rap' steht beim ‚Porno-Rap' insbesondere (pornografisch-gewaltsame)[2] Sexualität im Zentrum des Diskurses.[3] Die Interpreten bedienen sich dabei einer pornografischen Sprache, die die (sexuelle) Überlegenheit des Rappers über Frauen, andere ‚Männlichkeiten' oder Sexualitäten (vgl. ‚Hegemoniale Männlichkeit' bei Connell 1999) zum Ausdruck bringt. Besonders Rapper um das Musiklabel *Aggro Berlin* sind dem ‚Porno-Rap' zuzuordnen.[4] Weibliche Rapperinnen werden erst seit 2006 öffentlich wahrgenommen und sind im Diskurs nur marginal/peripher[5] als

---

1 Rap ist eine (bestimmte) Form des Sprechgesangs und wird auch als MCing bezeichnet, welches neben DJing, Graffiti und Breakdance HipHop konstituiert.

2 Damit ist nicht eine zwangsläufige Gleichsetzung von Pornografie (im allgemeinen) und Gewalt gemeint: Pornografie ist nicht per se eine Form der Gewalt, wie von antipornografischen Positionen angenommen, vielmehr gibt es unterschiedliche Arten, von denen die gewaltsame eine weit verbreitete ist.

3 Während ‚Gangsta-Rap' allgemein die mythische Figur des ‚Gangsters' thematisiert und damit (vermeintliche) ‚Gang'-Realitäten in sozial marginalisierten Räumen aufgreift, die von Kriminalität und Gewalt, staatlicher Repression (Polizeigewalt), Drogen(-geschäften und -konsum) sowie dem Prostitutionsgewerbe geprägt sind, rückt ‚Porno-Rap' Sexualität in den Vordergrund.

4 2001 angefangen mit *Sido* und *B-Tight*, gefolgt von *Bushido*, kommen 2003 *Fler* und 2005 u. a. *G-Hot* zum Label *Aggro Berlin*. Zudem werden mit zunehmender Popularität des Genres auch *Frauenarzt* und *Manny Marc* öffentlichkeitswirksam. Zu erwähnen sind auch *King Orgasmus One, Bass Sultan Hengzt, Kaisaschnitt, Rhymin Simon* und *Kralle*. Einige dieser Rapper werden hauptsächlich dem ‚Gangsta-Rap' zugeschrieben und bedienen sich in einigen Liedern Elementen des ‚Porno-Rap' (bspw. *Bushido, Sido, Fler*), während andere Interpreten ausschließlich dem ‚Porno-Rap'-Genre zugerechnet werden können (bspw. *King Orgasmus One, Frauenarzt* und *Manny Marc*). In zunehmendem Maß sind Akteure des ‚Porno-Rap' heute anderen (erfolgversprechenderen) Rap-Genres zuzuordnen.

5 Dies steht im Zusammenhang mit der geringen Zahl an Interpretinnen sowie der männlichen Hegemonie des Diskurses.

Aptum. Zeitschrift für Sprachkritik und Sprachkultur. 10. Jahrgang, 2014, Heft 02, S. 173-192.

Akteurinnen präsent, sie positionieren sich auf ganz unterschiedliche Weise in diesem Genre.[6]

Bitch, Nutte, Hure, Schlampe sind einige der Ausdrücke im ‚Porno-Rap', die für Frauen gebraucht werden. Die vorliegende Analyse rückt diesen expliziten Sprachgebrauch der ‚Porno-RapperInnen' für ‚Frau' innerhalb des ‚Porno-Rap'-Diskurses in den Fokus.

2 Frames und Diskurs – theoretische Grundlegungen

Das Verstehen der Bedeutung eines sprachlichen Ausdrucks ist immer damit verbunden, dass SprachbenutzerInnen spezifische Sach- und Wissenszusammenhänge in diesen Prozess miteinbeziehen, d.h. dass nach der sinnlichen Wahrnehmung eines Ausdrucks bestimmtes (stereotypes) Wissen über ein Bezugsobjekt aufgerufen wird. Die Struktur dieses Wissens bildet sich in sog. ‚Wissensrahmen' (vgl. Busse 2009, 85), den Frames ab, die sich linguistisch beschreiben lassen. Frame-theoretisch und -methodisch sind für diesen Aufsatz die Arbeiten von Ziem (2005, 2008a, 2008b) grundlegend.

Diskurse bilden für die Frame-Semantik das Zugriffsformat zur Beschreibung von Bedeutungen. Grundlage der Analyse sind Texte, zwischen denen semantische Beziehungen bestehen.[7] Busse/Teubert (1994, 14) folgend wird ‚Diskurs' in dieser Untersuchung als virtuelles Korpus mit offenen Grenzen verstanden.

In diesem Artikel wird der Frage nachgegangen, wie die Frame-Struktur des Ausdrucks *Bitch* für ‚Frau' im ‚Porno-Rap'-Diskurs bestimmt ist. Ziel ist es zu ermitteln, welche Diskurs-Frames welche relativ stabilen Wissensstrukturen beinhalten. Dazu wird exemplarisch korpuslinguistisch die Verteilung von Slots (Leerstellen) und Fillers (Füllwerte) innerhalb eines Frames untersucht. Analysiert wird, welche Slots signifikant (belegt) sind, welche ‚Ausdifferenzierungen'[8] durch die Fillers im Zentrum des Diskurses stehen und so (mögliche) Kandidaten kognitiver Routinen sein können. Zentrale Elemente im Diskurs lassen Rückschlüsse auf das Diskursprofil und die Wissensdomänen zu, die der Diskurs bildet, sowie die erwartbare

6 Während sich *Lady Bitch Ray* als emanzipatorischen Gegenentwurf zu den männlichen ‚Porno-Rappern' versteht, sind *Kitty Kat* und *Miss Doggystyle* durch Zusammenarbeiten mit ‚Porno-Rappern' in Erscheinung getreten.

7 Unter Diskurs werden Busse/Teubert 1994, 14, folgend Texte verstanden, „die sich mit einem als Forschungsgegenstand gewählten Gegenstand, Thema, Wissenskomplex oder Konzept befassen, untereinander semantische Beziehungen aufweisen und/oder in einem gemeinsamen Aussage-, Kommunikations-, Funktions- oder Zweckzusammenhang stehen."

8 ‚Ausdifferenzierungen' sind semantische Gruppierungen der mit dem frame-evozierenden Ausdruck aufgerufenen Inhalte.

kognitive Salienz (vgl. dazu Ziem 2008a, 430, 395f; 2008b, 106). Sie treten regelmäßiger innerhalb eines Diskurses auf und erlangen damit höhere kognitive Präsenz (vgl. Ziem 2008a, 395f.) Als Resultat ihres rekurrenten Auftretens (einer hohen Token-Frequenz) sind sie mögliche Kandidaten für künftige Standardwerte und können sog. ‚kognitive Trampelpfade'[9] abbilden und ausbilden. Verbinden sich hoch okkurrente Fillers mit gesellschaftlich bereits vorherrschenden Geschlechtervorstellungen[10], besteht Grund zur Annahme, dass diese Konzepte das ‚Wissen' von ‚Frau' konsolidieren können. Ziem (2005, 10) zufolge schiebt sich so „der Diskurs als eine eigene Realität zwischen Denken und Handeln".[11]

3 Frames und Korpus – korpuslinguistische Grundlegungen

Frames werden nach Ziem (2008a, 439) als korpuslinguistische Formate verstanden, die erlauben, die Bedeutung sprachlicher Diskurselemente systematisch zu beschreiben.

Das der frame-semantischen Analyse zugrundeliegende Korpus ist aus vorgefundenen Sprachdaten männlicher und weiblicher Rapper nach bestimmten Kriterien (Liedtexte des deutschsprachigen ‚Porno-Rap', Thema ‚Frau', festgelegter Zeitraum[12]) mittels Transkription erstellt. Das gesamte

---

9 Kognitive Trampelpfade versteht Ziem 2008a, 353, als „Verfestigung von Gedächtnisstrukturen". Werden kognitive Trampelpfade aktiviert, so verstärkt sich mit jeder Nutzung ihre Unbewusstheit. Dieser ‚Verstärkungseffekt' hat „eine Vielzahl möglicher Verfestigungsgrade", die aufgrund unterschiedlicher Abruf-Frequenzen und damit verbundener „variierender Aktivationshöhen" bestehen (vgl. Ziem 2008a, 354 f.). Informationen können dadurch leichter abgerufen und kognitive Routinen motiviert werden, was eine Reduzierung des kognitiven Aufwands sowie die Verringerung individueller Reflexionen mit sich bringt (vgl. Ziem 2008a, 353 f., 446).

10 Gemeint ist hiermit bspw. ein „Sexualitätsdiskurs, der auf dem jahrhundertealten Dualismus von Heiliger und Hure beruht" (Klein/Friedrich 2003, 207).

11 Dabei gilt auch für diese Analyse der diskurslinguistische Grundsatz: Ob die RapperInnen meinen, was sie sagen, ist für diese Analyse nicht von Belang, es geht vielmehr darum, welche Wissensinhalte ihre Texte transportieren. Auch darüber, wie diese Inhalte von RezipientInnen aufgenommen werden, kann nur spekuliert werden. Denn: „Die Intentionen des Autors sind irrelevant dafür, was der Text bedeutet. Die (korpus-)linguistische Analyse des Diskurses klammert den Sprecher und seine Intentionalität aus" (Teubert 2006, Kap. 3).

12 Aufgrund der Vielzahl von Veröffentlichungen männlicher Interpreten, die dem Genre ‚Porno-Rap' zugerechnet werden können, wurde der Zeitraum 15.06.2000-01.04.2009 gewählt. Dies entspricht zeitlich der Veröffentlichung von *Kool Savas* Lied ‚LMS' (‚Lutsch mein Schwanz') bis zur Schließung des Plattenlabels *Aggro Berlin*, mit dem Porno-Rap besonders in Verbindung gebracht wird. *Kool Savas* gilt mit ‚LMS' als erster deutschsprachiger Rapper, der öffentlichkeitswirksam mit einem Text in pornografischer Sprache und ebensolchen Inhalten kommerziellen Erfolg hatte. Für das Frauenkorpus wurde der Zeitraum bis Juni 2012 ausgedehnt. Abgeschlossen wurde dieser mit einer Veröffentlichung von *Lady Bitch Ray* (Lied ‚Bitchsm-Bitch-Duell').

Korpus umfasst 236 Liedtexte des ‚Porno-Rap': 202 Liedtexte von 68 Rappern (Männerkorpus, im Folgenden ‚MK') und 34 Liedtexte von drei Rapperinnen (Frauenkorpus, im Folgenden ‚FK').

Durch dieses korpuslinguistische Vorgehen werden alle den Kriterien entsprechenden Liedtexte als Indikatoren für Wissenselemente von ‚Frau' für diese Analyse relevant und nicht einzelne Textbeispiele willkürlich gewählt. So werden nicht bereits durch Vorannahmen Analyseergebnisse eingeschränkt und auch „Zusammenhänge sichtbar, die früher höchstens zufällig entdeckt wurden" (Teubert 2006, Kap. 8).

Hermeneutisch ist dieses Vorgehen, da es „sich weniger um kombinatorische Regeln und um systeminterne Oppositionen kümmert als um die Bedeutung dessen, was da gesagt ist" (Teubert 2006, keine Seitenzahlen, vorletzter Abschnitt). Auch Kreuz/Wengeler (2014, 71) betonen die Unverzichtbarkeit qualitativ-hermeneutischer Zugänge und fassen diese als bestmögliches Vorgehen für diskurslinguistische Erkenntnisinteressen auf.[13] Für die vorliegende korpusbasierte Analyse ist dieses Vorgehen grundlegend – insbesondere wenn es sich, wie in diesem Fall, um nichtstandardsprachliche[14] mündliche Texte handelt, die zu einem digitalen Korpus zusammengestellt werden. Weiterhin bedingt eine genderanalytische Fokussierung auf Konzeptionen von Geschlecht bereits die Kategorien von ‚Frau' und ‚Mann'[15] und ist demensprechend eine qualitative.

Dabei können quantitative Verfahren das qualitative Analysevorgehen stützen und insbesondere für gezielte Suchläufe und Zählungen genutzt werden. Quantitative Verfahren kommen zur Anwendung, wenn es um das (Wieder-)Auffinden der durch hermeneutisches Lesen festgestellten frame-evozierenden Ausdrücke für die Konzeptionen von ‚Frau' geht sowie um deren digitale Ausgabe als ‚Belegstellen' (frame-evozierender Ausdruck in seiner Kontextumgebung),[16] die damit die Grundlage des

---

13 Ein Alleinvertretungsanspruch korpuslinguistischer Verfahren, wie er von Scharloth/Eugster/Bubenhofer 2013 vorgeschlagen wird, ist somit für diese Analyse nicht geltend.

14 Gemeint sind Varietäten wie Jugend-, Szene- und Umgangssprache sowie dialektale und ethnolektale Sprachvariationen.

15 In einer als zweigeschlechtlich und heteronorm organisierten Textwelt sind LGBTIQ (Lesbian, Gay, Bisexual, Transgender, Intersexual and Questioning/Queer) nicht (mit-)präsentiert/konzipiert. Die Frage nach ‚Geschlecht' (und Sexualität) ist daher stets eine nach ‚Frau' und ‚Mann' (‚weiblich' und ‚männlich'). Dazu, dass diese Annahme der ‚Zweigeschlechtlichkeit' nicht notwendigerweise und ‚naturgegeben' erfolgen muss, siehe Laqueur 2000. Aus diesem Umstand erwächst das Dilemma/Paradox, in einer wissenschaftlichen Analyse gerade jene Kategorien von Geschlecht zu reproduzieren, die gleichzeitig kritisch betrachtet werden sollen. Dies ist ein Widerspruch, der nicht aufzulösen ist und ein übliches Phänomen von Gender- und Diversity-Forschung darstellt.

16 Demnach werden sowohl die jeweils an einer Stelle im Korpus qualitativ manuell (hermeneutisch) fixierten Ausdrücke (für ‚Frau') als auch jeder weitere im Korpus vorkommende Gebrauch derselben quantitativ mittels eines computergestützten Suchverfahrens

analytischen Zugriffs bilden. Die Kombination von qualitativ-hermeneutischen und quantitativ-korpuslinguistischen Elementen mit der Frame-Semantik ist grundlegend, um die Bedeutung sprachlicher Diskurselemente systematisch zu beschreiben und damit Zugang zu Bedeutungen und möglichen kognitiven Konzepten zu erhalten.

4 Methodisches Vorgehen

Frames sind als Analyseinstrumentarium (nicht als Wissensstrukturen) zunächst inhaltsleere Formate, deren Leerstellen mit verschiedenen Wissenselementen gefüllt werden. Grundlegend sind für diesen Zusammenhang die Arbeiten von Konerding (1993, bes. 139-217), Fraas (1996), Lönneker (2003) und Ziem (2008a) bzgl. ‚Matrixframes'. Für die Analyse dienen die Matrixframes einem ersten Zugriff: Der entsprechende Matrixframe wurde dem Fokus der Untersuchung entsprechend verändert und weiterentwickelt. D.h., die Prädikatoren (Slots) des Matrixframes wurden durch weitere spezifische Elemente ergänzt, bspw. durch die semantischen Rollen Agens und Patiens (vgl. von Polenz 1988, 170ff.), die eine stringente Klassifikation der Prädikationen (Fillers) ermöglichen. Zudem wurden spezifische inhaltliche Unterkategorien, hier ‚Ausdifferenzierungen' genannt, für die Slots entwickelt.

Die Schritte des methodischen Vorgehens der frame-semantischen Analyse gestalten sich wie folgt:

1. Die Okkurrenzen der Ausdrücke für ‚Frau' werden in dem Korpus der männlichen Rapper (MK) und dem Korpus der Rapperinnen (FK) ermittelt (vgl. Abb. 1).

---

als ‚Belegstellen' ausgegeben. Damit beinhaltet eine ‚Belegstelle' den jeweiligen frame-evozierenden Ausdruck (hervorgehoben durch >> <<) sowie dessen Kontextumgebung, d.h. die Zeile, in der der Ausdruck vorkommt (Das Vorkommen bzw. die Frequenz eines Ausdrucks wird, bzgl. einer Zählung der Okkurrenzen des frame-evozierenden Ausdrucks, nur aus dieser Zeile ermittelt.), sowie die jeweilige unmittelbar vorhergehende und nachfolgende Zeile – die genrecharakteristische Gestalt der Liedtexte bedingt diesen relativ engen „Prädikationsradius" (Ziem 2008a, 407). Die Kontextumgebung dient lediglich dazu, den jeweiligen Ausdruck in der weiteren qualitativen Analyse semantisch besser einordnen zu können.

Abb. 1: Relationale Okkurrenzen innerhalb der jeweiligen Korpora (links MK, rechts FK – Korpora nicht zueinander relationiert)

Die 5 höchsten absoluten Okkurrenzen für ‚Frau' im MK sind (Abb. 1 links): *Du* (2080) – *Sie* Sg./Pl. (1362) – *Nutte/n* + Komposita (854) – *Bitch/es* + Komposita (669) – *Frau/en* + Komposita (580).

Die 5 höchsten absoluten Okkurrenzen für ‚Frau' im FK sind (Abb. 1 rechts): *Ich* (660) – *Du* (126) – *Bitch/es* + Komposita (124) – *Schlampe/n* + Komposita (57) – *Kitty Kat* (33).

2. Der Ausdruck *Bitch/es* (+ Komposita) wird aufgrund seiner hohen Okkurrenz im männlichen und weiblichen Korpus als konstitutiver ‚Ausdruck' der Konzeption von ‚Frau' in diesem Diskurs identifiziert und als frame-evozierender Ausdruck für die Analyse ausgewählt. Neben den Personalpronomen besitzt der Ausdruck *Bitch/es* (+ Komposita) bei den Personenbezeichnungen der Rapperinnen die höchste (124) und bei den Rappern die zweithöchste Okkurrenz (669). Wesentlich für die Analyse sind die Okkurrenzen dieser Personenbezeichnungen in den beiden Korpora bzw. deren Stellenwert, um Konzeptionen von ‚Frau' miteinander vergleichen zu können.[17]
3. Durch Hyperonymtypenreduktion (vgl. Konerding 1993) wird der Ausdruck *Bitch/es* (+ Komposita) dem Matrixframe ‚Person in einer Rolle' zugeordnet[18] – Grundlage für diese Reduktion ist der Duden (1993).

17 Der frame-evozierende Ausdruck *Nutte/Nutten* (+ Komposita) für ‚Frau' stellt im MK die häufigste Personenbezeichnung dar und ist inklusive der Personalpronomen auf Platz 3 der höchsten Okkurrenzen zu ‚Frau', während er im FK erst auf Rang 12 bzgl. der Okkurrenzen (von Personenbezeichnungen und Personalpronomen) zu finden ist. Der Ausdruck *Bitch/es* (+ Komposita) weist in beiden Korpora hohe Okkurrenzen auf, Platz 4 im MK und Platz 3 im FK (inklusive Personalpronomen).

18 Der englische Ausdruck *Bitch* lässt sich mit ‚Miststück'/‚Zicke'/‚Hure'/‚Nutte'/‚Schlampe' übersetzen (Internetquelle: leo.org) und dementsprechend ‚Person in einer Rolle' zuordnen.

4. Alle Belegstellen werden mithilfe ihrer Prädikationen in dem modifizierten Matrixframe ‚Person in einer Rolle' in 33 Slots eingeordnet.[19] Mehrfacheinordnungen sind in diesem Zusammenhang möglich, da ein Ausdruck durch seine expliziten Prädikationen (Fillers) mehrere Prädikatoren (Slots) belegen kann.
5. Für den Ausdruck *Bitch/es* (+ Komposita) werden die Slots mit den höchsten Okkurrenzen ermittelt (jeweils innerhalb eines Korpus).
6. In diesen Slots werden die verschiedenen Fillers systematisch anhand (eigens aus den Textdaten ermittelter) inhaltlich-semantischer Kriterien gruppiert und ausdifferenziert (im Folgenden als ‚Ausdifferenzierungen', s. Fußnote 8; auch hier ggf. Mehrfacheinordnungen möglich).
7. Die häufigsten Ausdifferenzierungen der Fillers werden in einem weiteren Schritt ermittelt und bilden mit den häufigsten Slots die Grundlage für die Offenlegung des Konzepts von ‚Frau'.
8. Um Vergleiche zwischen den beiden Korpora zu ermöglichen, werden die absoluten Okkurrenzen in Verhältnis zu der jeweiligen Gesamtokkurrenz des Ausdrucks im Korpus gesetzt (relative Okkurrenz zu Gesamt-Okkurrenz = rOG) bzw. zu der Gesamtokkurrenz des betreffenden Slots (relative Okkurrenz zu Slot-Okkurrenz = rOS).[20]
9. Ein analytischer Vergleich der Konzepte von ‚Frau' der beiden Korpora offenbart semantische Gemeinsamkeiten und Unterschiede, deren jeweilige Position im Diskurs und ihr Potential als mögliche Kandidaten für zukünftige Standartwerte.

---

19 Slots des Matrixframes sind (neben den hier analysierten) bspw.: ‚Fähigkeiten der Person', ‚Handlungen/Aktivitäten/Handlungsgrad (Person im agens – patiens)', ‚Befinden/ Gefühle', ‚Bedeutung/Bekanntheitsgrad', ‚Zwecke/Ziele', ‚(geographisches und soziales) Vorkommen: Orte/Milieus/Umgebungen der Person'.

20 Die absolute Okkurrenz des frame-evozierenden Ausdrucks *Bitch/es* (+ Komposita) (aO) wird für einzelne Analysen innerhalb eines Korpus herangezogen. Geht es um Vergleiche zwischen den beiden Korpora MK und FK, benötigt man aufgrund des unterschiedlichen Umfangs derselben relative Okkurrenzen. Eine solche relative Okkurrenz kann sich auf zwei verschiedene Grundgesamtheiten beziehen: zum einen auf die relative Okkurrenz eines Slots zur jeweiligen Gesamt-Okkurrenz aller Verwendungen des frame-evozierenden Ausdrucks *Bitch/es* (+ Komposita) im Korpus überhaupt (rOG), zum anderen auf die Slot-bezogenen Verwendungen des frame-evozierenden Ausdrucks (rOS), bspw. ausschließlich auf die Okkurrenzen desjenigen Ausdrucks, die mit Namen/Definition (Slot 01) oder einem Appell (Slot 30/32) realisiert sind. Je nachdem wird Bezug genommen auf alle Vorkommnisse des Ausdrucks *Bitch/es* (+ Komposita) überhaupt oder ausschließlich nur auf die Slot-bezogenen (namens-/appellbezogenen) Verwendungen, die zu dem Ausdruck realisiert sind. Es handelt sich bei der rOS demnach um eine spezifischere Beschreibung.

5 Empirische Analyse der zentralen Slot-Struktur des *Bitch*-Frames

Einen ersten Zugriff auf die Hauptverwendung(en) des frame-evozierenden Ausdrucks *Bitch*[21] geben die am häufigsten belegten Slots (01, 32/30). Hierbei geht es um die Zentralität eines Slots in den Vorkommen des frame-evozierenden Ausdrucks *Bitch*. Was ist der am häufigsten aufgerufene Slot mit dem Ausdruck *Bitch*? Dazu wird das Gesamtvorkommen des frame-evozierenden Ausdrucks *Bitch* betrachtet, wofür die absolute Okkurrenz (aO) oder die relative Okkurrenz (aO relativ zur Gesamtokkurrenz aller Vorkommen von *Bitch* im Korpus (rOG)) herangezogen werden kann – innerhalb eines Korpus reichen absolute Okkurrenzen aus.

In welchem Korpus ist der frame-evozierende Ausdruck häufiger mit einem bestimmten Slot verbunden, bspw. mit ‚selbst getätigten Appellen' (Slot 30)? Gibt es Gemeinsamkeiten von MK und FK, ähnliche Häufigkeiten von Slot-Belegungen? Für diese Vergleiche zwischen den Korpora MK und FK wird die rOG herangezogen (wie in Abb. 2).

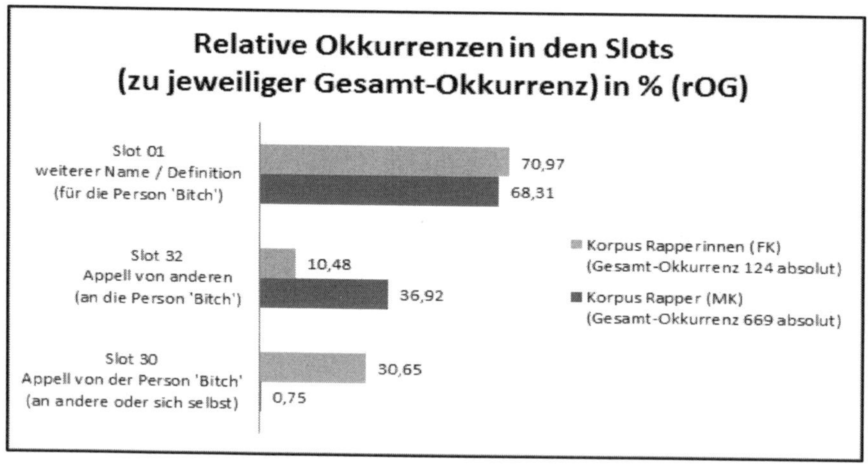

Abb. 2: Belegung der signifikantesten Slots des frame-evozierenden Ausdrucks *Bitch*

Zur genaueren Betrachtung eines Slots (Welche Namen werden verwendet? Was wird appellativ ausgesagt?) werden Vorkommen ‚ausdifferenziert' (s. Fußnote 8). Sie können an der Gesamtheit aller Vorkommen des Ausdrucks *Bitch* (mit allen Slot-Belegungen) relativiert (rOG) oder innerhalb des Slots betrachtet werden – Letzteres, wenn andere Slots für diese spezifischere Betrachtung (zumindest dann) irrelevant sind (dafür wird die

21 *Bitch* steht im Folgenden für Vorkommen im Singular, Plural und als Kompositum-Konstituente.

rOS benötigt, da ausschließlich ein bestimmter Slot/,Slot-Raum' betrachtet wird).

Im Matrixframe des frame-evozierenden Ausdrucks *Bitch* ist Slot 01 mit ,weiteren Namen/Bezeichnungen/Definitionen für die Person' in beiden Korpora am häufigsten belegt. Die zweithöchste Okkurrenz weist im MK Slot 32 mit ,Appellen von anderen, die an die Person gerichtet sind' und im FK Slot 30 bzgl. ,Appellen von der Person' auf.

Der frame-evozierende Ausdruck *Bitch* kommt im MK 669 und im FK 124 mal vor (jeweilige absolute Gesamt-Okkurrenz). Im MK und FK wird bei der Verwendung des frame-evozierenden Ausdrucks *Bitch* in ca. 70% der Fälle (MK 457; FK 88 aO) ein (weiterer) Namens-/Bezeichnungs-/Definitionsbezug hergestellt. Bei knapp 37% (247 aO) aller Äußerungen zu *Bitch* werden im MK Appelle an selbige getätigt, im FK in mehr als 10% (13 aO). In fast 31% (38 aO) der Äußerungen im FK werden Appelle von der ,Bitch' an andere oder sich selbst gerichtet, im MK nur in 0,75% (5 aO) aller Vorkommen.

Obwohl Slot 01 bezüglich der Auftretenshäufigkeit zentral für die jeweiligen Konzepte von ,Bitch' ist, werden im weiteren Verlauf der Untersuchung exemplarisch die Appelle, d.h. Slot 30 und 32, die im Slotgefüge des Frames ,Bitch' ebenso einen wesentlichen Stellenwert einnehmen, fokussiert, um den LeserInnen einen anschaulichen Zugang zu dem analytischen Vorgehen zu ermöglichen.[22]

Quantitative und qualitative Analyse der Slots 30/32

Erläuterung von Slot 30: Appell von der Person *Bitch* (an andere oder sich selbst)

In Slot 30 sind alle Okkurrenzen zur Charakterisierung von Appellen (Aufforderungen) eingeordnet, die von der Person *Bitch* selbst (an/bzgl. Mitmenschen oder sich selbst)[23] getätigt werden: d.h. von Vorschriften, Anordnungen, Befehlen und Verboten, von Verpflichtungen und Bitten, die von der Person getätigt bzw. erteilt werden, von Drohungen und Zwängen, Ankündigungen und Verwünschungen, die die Person anderen auferlegt, sowie von (rhetorischen) Fragen (mit Appellfunktion) der Person bzgl. anderer.[24]

---

22 Aufgrund der Datenmenge kann an dieser Stelle nicht für alle drei Slots eine deskriptive Beschreibung erfolgen.

23 Appelle von der Person an sich selbst/bzgl. der Person sind denkbar, aber erwartungsgemäß nicht häufig.

24 Dementsprechend beinhaltet der Slot 30 Fragen wie: Wozu fordert die Person auf? Was verbietet die Person anderen? Wozu verpflichtet sie? Was schreibt sie wem vor? Worum

Erläuterung von Slot 32: Appell von anderen (an die Person *Bitch*)

Appelle von anderen an die Person *Bitch* werden in Slot 32 eingeordnet, den Prädikator zur Charakterisierung von Appellen (Aufforderungen), die an/auf die Person gerichtet sind/bzgl. der Person getätigt werden (von/durch andere). Gemeint sind hier also Vorschriften, Anordnungen, Befehle und Verbote, Verpflichtungen und Bitten, die an die Person getätigt/erteilt werden, ebenso wie Drohungen und Zwänge, Ankündigungen und Verwünschungen, die der Person (von anderen) auferlegt werden und (rhetorische) Fragen (mit Appellfunktion) an die Person.[25]

Analyse der Slots 30/32

Da diese Analyse eine Personenbezeichnung für Frau fokussiert und diese im MK das Fremdbild und im FK das Selbstbild betrifft, überrascht es nicht, dass im MK Slot 32 höher[26] belegt ist als Slot 30.[27] Im FK hingegen ist Slot 30 signifikanter als Slot 32 gefüllt.[28] Im MK äußert sich die Person (*Bitch* als Frau) selbst kaum appellativ (nur in 0,75% der Gesamtvorkommen (rOG)),[29] im FK dagegen häufig (in 30,65% rOG). Eigens (von der *Bitch*) geäußerte Appelle (an andere/sich selbst; Slot 30) sind im FK eher evident, von anderen getätigte (an die Person *Bitch*; Slot 32) eher im MK – wobei diese auch im FK vorkommen, wenn an eine (andere) *Bitch* appel-

---

bittet sie? Welche Befehle, Drohungen oder Zwänge erteilt die Person? Was befiehlt die Person wem, womit droht sie, wen zwingt sie und wie? Zusätzliche Hinweise zur Einordnung können imperative Modi von Verben bzw. spezifische Formulierungen geben, bspw.: verbieten, nicht erlauben, verpflichten zu, befehlen, fordern, erwarten, bitten – und in diesem bestimmten Korpus konkret solche wie: ich werde, müssen/du musst, sollen/du sollst, zwingen, etc.

25 Slot 32 betrifft dementsprechend Fragen wie: Wozu wird die Person aufgefordert, worum gebeten? Wie wird der Person befohlen/gedroht und von wem? Was wird ihr untersagt, wozu wird sie verpflichtet? Welche Zwänge werden ihr auferlegt? Auch für Slot 32 können imperative Modi von Verben bzw. spezifische Formulierungen Hinweise zur Einordnung geben wie: verboten sein, befohlen, gefordert, erwartet, gebeten, beauftragt sein mit, (nicht) erlaubt sein, verpflichtet sein zu – und in diesem bestimmten Korpus konkret solche wie: bitte, sollen/du sollst, du kannst/du darfst (+Verb), du hast (zu tun), müssen/du musst, ich hoffe/bete/wünsche du (+Verb), du wirst, willst du, gezwungen zu, etc.

26 Wegen Mehrfacheinordnungen sind keine relationalen Vergleiche (bspw. für diesen Fall: Im MK ist Slot 32 49-mal höher belegt als Slot 30; im FK ist Slot 30 fast 3-mal höher als Slot 32 belegt) innerhalb eines Korpus zwischen Slots möglich, es kann lediglich eine deskriptive Tendenz (i.S.v. höher/geringer) angegeben werden.

27 MK: Slot 32: 247 absolute Okkurrenzen (aO)/36,92% relative Okkurrenzen zu Gesamt-Okkurrenz (rOG); Slot 30: 5 aO/0,75% rOG.

28 FK: Slot 30: 38 aO/30,65% rOG; Slot 32: 13 aO/10,48% rOG.

29 Dies ist im MK auch nur in den Fällen möglich, in denen aus der Perspektive einer Frau gesprochen wird – entweder durch den Rapper selbst, der in dieser Rolle spricht (zum Teil durch Imitation einer Frauenstimme realisiert), oder durch eine Frauenstimme (dementsprechend im MK als {Frauenstimme} gekennzeichnet).

liert wird.[30] So lässt sich für Slot 32 festhalten, dass Rapperinnen seltener an eine (andere) *Bitch* appellieren (in 10,48% rOG) als Rapper, die dreieinhalbmal häufiger (in 36,92% rOG) in appellierender Position gegenüber einer weiblichen *Bitch* sind.

Slot 30

Das MK beinhaltet Fillers des frame-evozierenden Ausdrucks *Bitch*, die als Appelle von der Person *Bitch* geäußert werden. Allerdings appelliert eine *Bitch* im MK selbst nur in 0,75% aller Vorkommen von *Bitch* überhaupt – in 0,60% tut sie dies bzgl. der ‚Aufforderung zu sexueller Verfügbarkeit/Behauptung von sexueller Willigkeit' und ‚Eigentum, Besitz, Geld/ Prostitution', was 80% innerhalb der getätigten Appelle einer *Bitch* entspricht (rOS). Diese Appelle (höchste Okkurrenz innerhalb dieses Slots mit 4 aO) vermitteln Inhalte im Sinne sexueller Käuflichkeit. So etwa durch den Appell an ‚Besitz und Geld' eines Mannes, der mit ‚sexueller Verfügbarkeit und Willigkeit' der Sprecherin verbunden ist – in diesem Fall exemplarisch *Kitty Kat*: *Dein Auto und deine Scheine, wir >>Bitches<< denken nur ans Eine, / komm ficken mit mir, ich will ficken mit dir*. Des Weiteren ist der Slot bzgl. der Ausdifferenzierungen ‚Festschreibung' und ‚Herausforderung' der *Bitch* gefüllt: *Warum denkst du, dass ich irgendeine >>Bitch<< wär* (mit 1 aO in 0,15% in Relation zu allen geäußerten Vorkommen von *Bitch* überhaupt und 20% aller von der *Bitch* getätigten Appelle). Im FK sind in 30,65% der Vorkommen von *Bitch* Slots mit Appellen von einer ‚Bitch' gefüllt – am häufigsten als ‚Herausforderung' mit 23 aO, exemplarisch hierzu: *Shit, wen nennst du hier ne >>Bitch<<?* (2aO) / *Ich erzähl euch Arschleckern, / wie man eine >>Bitch<< fickt.* (1aO) / *Wollt ihr wissen wie man eine >>Bitch<< fickt, hah?* (6aO) / *Du willst wissen was ne >>Bitch<< ist, heh?* (3aO) / *Komm ich zeig dir was ne >>Bitch<< ist.* (3aO)

Appelle, in denen die Zuschreibung von *Bitch* ‚festgeschrieben' wird (7aO), kommen in 5,65% aller Prädikationen zu *Bitch* vor (rOG) und damit in über 18% der von der *Bitch* selbst geäußerten Appelle (rOS) – am häufigsten realisiert als: *See I'm a real >>bitch<<, I'm a real >>bitch<<* (6aO). Eine Auseinandersetzung der *Bitch* mit der ‚Festschreibung' als *Bitch* äußert sich zusätzlich in der Ausdifferenzierung ‚Herausforderung' durch *Seh ich etwa aus wie ne billige >>Bitch<<* (1aO). Geringfügig belegt sind von der *Bitch* getätigte ‚abweisende' Appelle: *Hater aus dem Weg, mach Platz für die >>Bitch<<!* (1aO).

30 Dabei kann eine Rapperin zugleich von sich selbst als auch von anderen als *Bitch* sprechen – appellativ angesprochen ist in jedem Fall eine andere *Bitch*.

Slot 30: Vergleich von MK und FK

Der Vergleich von MK und FK zeigt, dass die höchste Belegung des Slots 30 im MK, nämlich ‚sexuelle Willigkeit' aufgrund von ‚Besitz/Geld' (sexuell berechnend), im FK keine Entsprechung findet – sich eine *Bitch* also ausschließlich im MK in dieser Weise äußert. ‚Herausfordernde' Appellative hingegen sind im FK am meisten belegt (18,50% rOG/23% aO), im MK dagegen (mit 0,15% rOG/1% aO) kaum. Auch ‚festschreibende' oder sich mit einer ‚Festschreibung' als *Bitch* auseinandersetzende Appelle finden sich im FK, während sie im MK nur marginal vorkommen (FK 7 aO/5,65% rOG – MK 1% aO/0,15% rOG) und Slot-intern bzgl. aller selbst von der *Bitch* getätigten Appelle (mit 18,42% rOS FK zu 20% rOS MK) fast gleich stark sind.

Die Appelle der *Bitch* im FK sind somit primär ausdifferenziert hinsichtlich ‚Herausforderung', ‚Festschreibung' und ‚Abweisung', während im MK die Verknüpfung von ‚Sexualität' und ‚Geld' i.S. einer sexuell berechnenden *Bitch* im Vordergrund steht. Marginal vorkommend sind im MK die Ausdifferenzierungen ‚Herausforderung' und ‚Festschreibung', während ‚Abweisung[en] von der *Bitch* nicht belegt sind.

Slot 32

Rund 37% (rOG) aller an die Person *Bitch* gerichteten Äußerungen im MK stellen Appelle dar (bei 247 aO überhaupt). Am häufigsten ist die *Bitch* bzgl. ‚Eigentum, Besitz, Geld/Prostitution' appellativ angesprochen (64 aO), d.h. in knapp 26% aller vorkommenden Appelle (rOS) und fast 10% aller geäußerten Vorkommen von *Bitch* überhaupt (rOG). Auf Prostitution verweisen dabei Appelle, mit denen Geld eingefordert wird, exemplarisch hierzu: *>>Bitch<< better have my Money* (56 aO), *>>Bitch<< hol mein Geld hol mein Cash* (1 aO) und solche, die an die *Bitch* als Besitz appellieren: *Du bist mein Geld du >>Bitch<<* (1 aO), *Wie du heißt ist egal denn ich kauf dich >>Bitch<<* (1 aO) bzw. auf (Sex-)Arbeit (Prostitution) rekurrieren: *Raus für mich, das Biz macht keine Pause >>Bitch<<* (1 aO), *>>Bitch<< dreh dich um und zeig mir wie du arbeitest mit deinem Ghettohintern* (1 aO).

Diejenigen Appelle, die als zweithäufigste nachgewiesen (38 aO) sind, sind ‚Aufforderung[en] zu sexuellen Handlungen (die die Person *Bitch* als agens ausführen soll)'. Sie sind innerhalb des Slots zu 15,38% (rOS) und bezogen auf sämtliche *Bitch*-Prädikationen im Korpus zu fast 6% (rOG) vorhanden. Die *Bitch* soll (in Auswahl; wenn nicht anders angegeben je 1 aO): *abgehen, aussaugen, an den Schwanz, blasen* (2 aO), *Sack lecken, an den Pimp laufen, sich ausziehen* (2 aO), *in Position, sich nach vorne beugen* (2 aO), *bouncen, zeigen was sie kann, Männer ficken, have groupsex* (8 aO).

An dritter Stelle der an die *Bitch* gerichteten Appelle sind jene bzgl. ‚Abfuhr/Abweisung' mit 28 Vorkommen (aO). Über 11% der in diesem Slot getätigten Appelle (roS) und über 4% aller Äußerungen zu *Bitch* überhaupt (rOG) sind abweisender Art. Diese sind häufig mit Abwertungen verbunden, exemplarisch hierzu: *>>Bitch<< beweg dich, geh aus dem Weg* (16 aO) / *>>Bitch<< bitte geh und rasier dich* (4aO), *Also leck mich am Arsch du blöde >>Crack-Bitch<<.* (1aO); sie sind zum Teil in Zusammenhang mit Unterstellungen von Naivität und Partnerschaftswunsch der *Bitch*: *Da hast du dich geirrt, ich wollte nur ein' Fick. / >>Bitch<<, es war ein One-Night-Stand.* (1aO) / *Du Nutte denkst, ich bin dein Traummann / Ich sag dir: Rest in peace >>Bitch<<!* (1aO) / *Das ist kein One-Night-Stand >>Bitch<<, du wirst gebumst und musst gehen* (1aO), *ich fick deinen Arsch/ Dann such ich mir die Nächste, zieh dich an, >>Bitch<< das war's – Pech* (1 aO).

‚Aufforderung[en] zu sexuellen Handlungen (die die Person *Bitch* als agens ausführen soll)' besitzen im FK den höchsten Wert. Mit 12 aO stellen diese über 92% aller Appelle an die Person (rOS) dar und sind in knapp 10% der gesamten Prädikationen zu *Bitch* nachgewiesen: *Suck it baby, suck it >>bitch<<* (12 aO). Nur marginal, mit jeweils 1 aO, sind die Ausdifferenzierungen ‚Abwertung', ‚Festschreibung' und ‚Behauptung von sexueller Verfügbarkeit/Willigkeit' im FK belegt: *Sieh dich an du dumme >>Famebitch<<. / Wyclef, T.Q., dich hat schon jeder gefickt.* Es sind darüber hinaus keine weiteren Appelle von anderen an *Bitch* vorhanden.

Slot 32: Vergleich von MK und FK

Vergleiche zwischen MK und FK sind für den Slot 32 in verschiedenen Hinsichten interessant. Im MK sind alle Ausdifferenzierungen des Slots belegt, während im FK eine wesentlich ist (‚Aufforderung zu sexuellen Handlungen (die die Person *Bitch* als agens ausführen soll)') und drei weitere marginal mit lediglich einem Vorkommen (aO) gefüllt sind. Die höchste Belegung der Ausdifferenzierungen im MK (fast 26% der Slot-bezogenen appellativen (rOS) und fast 10% aller *Bitch*-Okkurrenzen (rOG)) ergibt sich aus ‚Appellen von anderen an eine *Bitch*, bezogen auf ‚Eigentum, Besitz, Geld/Prostitution'. Im FK existieren keine Appelle an eine *Bitch*, die einen solchen monetären Zusammenhang zu Sexualität herstellen.[31]

Auch die am dritthäufigsten belegte Ausdifferenzierung im MK (‚Abfuhr/Abweisung' der *Bitch*) findet im FK kein Äquivalent. Ebenfalls ohne Entsprechung im FK sind Appelle bzgl. der ‚Androhung von Gewalt bzw.

---

31 Im MK in Slot 30 (s.o.) äußert eine Frau diesen Zusammenhang (als Appell der Mit-Interpretin *Kitty Kat*): *Dein Auto und deine Scheine, wir >>Bitches<< denken nur ans Eine, / komm ficken mit mir, ich will ficken mit dir.*

Qual/Todes-Verwünschung' *(>>Bitch<< muss leiden, >>Bitch<< verrecke, >>Bitch<< ich spritz bis in deine Gangbang-Lunge, >>Bitch<< Männer haben leider immer Faustrecht)*, ‚Unterordnung' (*Halt die Fresse >>Bitch<< / du hast nichts zu sagen, Schnauze und komm >>Bitch<<*), ‚Hausfrauen-Tätigkeiten' (*kochen, putzen*) sowie die ‚Ankündigung von sexuellen Handlungen (die die Person *Bitch* als patiens erfährt)' (*>>Bitch<< du wirst gebumst, >>Bitch<< ich mache dir ein Kind*). Zudem haben die deutlichen Belegungen im MK bzgl. ‚Aufforderung[en] zu sexueller Verfügbarkeit/Behauptung von sexueller Willigkeit (generell)' im FK nur 1 aO als Entsprechung.

Dagegen sind in beiden Korpora Appelle an die *Bitch* als ‚Aufforderung[en] zu sexuellen Handlungen (die die Person *Bitch* als agens ausführen soll)' in hoher Zahl nachgewiesen (im FK höchstes und im MK zweithöchstes Vorkommen innerhalb des an die *Bitch* appellierenden Slots) – somit fordern sowohl Rapper als auch Rapperinnen eine *Bitch* dazu auf, sexuell (als agens) aktiv zu sein bzw. zur Verfügung zu stehen.

6 Analysefazit und sprachkritische Betrachtung

> *He Bitch schon klar, du willst es hart kein Problem*
> *Ich hoffe nur, dass du diese Nacht mit meinem Schwanz überlebst*
> Clickx ›Für alle Bitches‹ [Orgi Pörnchen - Der Soundtrack, 2003]

Der vorliegende Beitrag stellt einen Ansatz frame-semantischer Analyse vor und bietet durch die exemplarische Darstellung und Anwendung eines korpuslinguistischen Verfahrens einen Zugriff, spezifische Wissensstrukturen bzgl. des Konzepts ‚Frau' in dem Diskurs ‚Porno-Rap' offenzulegen. Die quantitative und qualitative Analyse des Ausdrucks *Bitch* bzgl. der Slots 30/32 und deren Fillers eröffnet die Möglichkeiten, erstens Aussagen über zentrale Inhalte des Diskurses zu treffen, zweitens deren Bedeutungen systematisch zu beschreiben und drittens ihren möglichen Grad an bestehender und künftiger kognitiver Salienz zu bestimmen. Die exemplarische Analyse von Slot 30 und 32 des *Bitch*-Frames zeigt auf, dass zwischen den Korpora (neben Ähnlichkeiten und Gemeinsamkeiten) auch Unterschiede vorliegen, die darauf hindeuten, dass unterschiedliche Wissenselemente mit der Verwendung von *Bitch* einhergehen. Zentrale Elemente für das Konzept von ‚Frau' in Slot 30 (Appelle von der Person *Bitch* an andere oder sich selbst) im MK sind solche, die einen Zusammenhang zu ‚Geld' (‚Eigentum, Besitz, Geld/Prostitution') und ‚Sexualität' (‚Sexuelle Verfügbarkeit/Willigkeit') herstellen, während im FK die beschriebenen Fillers bzgl. ‚Herausforderung', ‚Festschreibung' und (geringfügiger) ‚Abweisung' maßgeblich sind. Eine Auseinandersetzung mit im MK vorkommenden Festschreibungen von *Bitch* ist in ‚Herausforderungen' realisiert, die als direkte Bezugnahme von Diskurselementen innerhalb des FK auf solche des MK verstanden werden.

Im MK ist in Slot 32 der Zusammenhang von ‚Geld' (‚Eigentum, Besitz, Geld/Prostitution') und ‚Sexualität' (‚Aufforderung zu sexuellen Handlungen der Person *Bitch* im Agens') ebenso signifikant, damit entspricht dieses Konzept von ‚Frau' dem des Slot 30 im MK, woraus geschlossen wird, dass sich Wissenselemente zu Wissensstrukturen verbinden und ‚verstärkt' werden – gerade vor dem Hintergrund, dass diese zusätzlich von der *Bitch* selbst verifiziert werden. Weiterhin ist ‚Sexualität' im MK zentral, häufig mit ‚Abweisungen' verbunden und zum Teil mit Gewalt, Gewaltandrohung, Todesverwünschungen (u.a.), die ebenfalls maßgeblich für das Konzept ‚Frau' sind.

Im FK ist Slot 32 wesentlich von Ausdifferenzierungen bestimmt, die eine andere *Bitch* als Agens zu sexuellen Handlungen auffordert – Gewalt spielt in diesem Zusammenhang jedoch keine Rolle. Gemein ist dem Konzept *Bitch* für Slot 32 in MK und FK, dass – über Appelle realisiert – über die *Bitch* verfügt wird.

Die *Bitch* im MK ist somit – pointiert ausgedrückt – ein abgewiesenes Verfügungsobjekt, als Agens und Patiens an Geld interessiert, berechnend, bereit (für Geld) sexuelle Handlungen vorzunehmen und zu erfahren, Ziel von Gewaltandrohungen und -anwendungen sowie von Todesverwünschungen.

Zentral für die *Bitch* im FK sind dagegen (‚herausfordernde' und ‚festschreibende') Ausdifferenzierungen, die erstens eine Unterscheidung bzw. Distanz zu *Bitch* im MK herstellen, zweitens Wissenselemente, die eine Re-Signifikation (verstanden als Versuch, sich abwertende Begriffe positiv umzudeuten und anzueignen; vgl. Villa 2012, 13) des Ausdrucks *Bitch* beinhalten, und drittens eine andere *Bitch* zu sexuellen Handlungen auffordern (ohne eine Verbindung zu Gewalt/Drohungen).

Diese Wissenselemente der Slots 30/32 sind zentrale Bestandteile des Konzepts von *Bitch* als Teil der Konzeption von ‚Frau' in dem Porno-Rap-Diskurs und damit mögliche ‚kognitive Trampelpfade' als eine eigene Realität zwischen Denken und Handeln.

Eine linguistisch begründete Sprachkritik von Porno-Rap-Liedtexten ist auf die spezifischen Wertungen gerichtet, die eine bestimmte Perspektive auf die Welt (an dieser Stelle bzgl. Geschlecht) offenbaren. Nach Wimmer (1984) und Wengeler (2002, bes. 8ff.) sind Ausdruck und Ziel sprachkritischer Betrachtungen ‚Sensibilität' im Umgang mit Sprache, und diese äußert sich in ‚reflektiertem Sprachgebrauch'.[32]

In der linguistischen Analyse werden (Ab-)Wertungen frame-semantisch identifiziert und sind Grundlage einer sprachkritischen Betrachtung von Geschlecht. Wie bereits dargelegt, konstituieren die mit dem frame-evozierenden Ausdruck *Bitch* aufgerufenen Prädikationen eine spezifische Perspektive des Porno-Rap-Diskurses auf ‚Frau'. Die frame-semantische Analyse hat diese Konzeption von Geschlecht (Frau als *Bitch*) in den Porno-Rap-Texten mit den damit verbundenen (Ab-)Wertungen offengelegt: Die Frau bzw. der weibliche Körper ist als Verfügungsobjekt im Männerkorpus (MK) stereotyp festgeschrieben und wird im Frauenkorpus (FK) durch Aufforderungen zu sexuellen Handlungen als Agens sowie (versuchter/angebotener) Re-Signifizierungen immerhin (partiell) zu einem Verfügungssubjekt, wenn auch das Kriterium der Verfügung erhalten bleibt (vgl. Villa 2009, 3 bzgl. ‚Sex-Objekte'/‚Sex-Subjekte').[33]

Öffentlich ausgetragene Sprachkritik hinsichtlich Geschlechterkonzeptionen ist Ausdruck einer entwickelten Sprachsensibilität, die einen Beitrag dazu leistet, den gesellschaftlichen (Mindest-)Konsens über die Verurteilung der Abwertung von Frauen aufrechtzuerhalten und stets weiterzuentwickeln. Dazu gehört auch, Verletzungen dieses Konsens' kritisch gegenüberzustehen. Gleichberechtigung im Sinne einer Gleichwertigkeit bedarf einer Vielzahl performativer Akte, die diese als stetige Prozesse herstellen, und kann jederzeit von ‚gegenläufigen' überlagert oder gar abgelöst werden.

Wenn Profitorientierung (der Rapper) und Forderungen nach Anerkennung (von Rappern und RezipientInnen) rücksichtslos ausgeübt werden – als eigene Aufwertung durch Abwertungen anderer und der damit verbundenen Verantwortungslosigkeit für eigenes (Sprach-)Handeln, als kultivierte und kultivierende pejorative Sprache (von denen Porno-Rap eine Erscheinungsform ist) –, ist Sprachkritik angebracht. Denn abwertende

32 ‚Reflektierter Sprachgebrauch' als „Fähigkeit" und „Bereitschaft"/„Einstellung" von SprecherInnen, „in relevanten Situationen die Regeln [ihres] eigenen Sprechens zur Diskussion zu stellen" (Wimmer 1984, 15).

33 *Bitch* als Frau ist (in Appellen, Slot 30+32) wie folgt konstituiert:

– mit Prädikationen zu *Bitch* im MK als: sexuell willig bzw. aufgefordert, sexuell verfügbar zu sein; monetär berechnend, als Besitz/Eigentum; als wertlos abgewiesen (wenn sexuell nicht nützlich); mit Gewalt und Todesverwünschungen bedroht; zu Unterordnung aufgefordert sowie dazu, sexuelle Handlungen zu erdulden (als Patiens) sowie zu ‚Hausfrauen'-Tätigkeiten;

– im FK: resignifizierend und sich mit Festschreibungen herausfordernd auseinandersetzend – dies zwar explizit zumeist in rhetorischen Fragen aufrufend, aber inhaltlich nicht konkret, wie bspw. in *Willst du wissen was ne »Bitch« ist?*;

– im MK+FK übereinstimmend ist *Bitch* zur aktiven Beteiligung an sexuellen Handlungen aufgefordert (als Agens).

Bezeichnungen und zugeschriebene Wertungen belasten das ‚Interesse an intakter Kommunikation' (vgl. Strecker 1983) und können verletzend[34] wirken – auch unabhängig von den Intentionen von SprecherInnen – und ggf. zur Ausbildung kognitiver Routinen bzgl. Konzeptionen von Geschlecht beitragen.

Der Kritik am ‚Porno-Rap' und dessen Konzeption von Geschlecht ist dabei eine Auseinandersetzung mit neoliberalen Wertvorstellungen inhärent: Das neoliberale Credo des „Ja kein Opfer werden!" (Villa 2009) mitsamt stetigem Machbarkeitsimperativ zur Selbstoptimierung manifestiert sich in den Sprachhandlungen der Rapper an Geschlecht (‚gender' neben ‚race' und ‚class')[35] und konstituiert das Eigene (Mannsein) als ‚Gewinner' über Frauen als ‚Opfer'.[36] Diverse kompetitive Erscheinungsformen (mit ihren spezifischen Wertungen, bspw. die binäre Geschlechterkonzeption, Statussymbole als Distinktionsmerkmal, die Betonung der eigenen Herkunft (von Kiez, Milieu, Nation), Durchsetzungsvermögen etc. und auch der Battle-Gedanke[37] des Gangsta-Rap) schließen sich an neoliberale Vorstellungen des ‚survival of the fittest' im Sinne eines Rechts des Stärkeren an. Und auch Rapperinnen bzw. Rezipientinnen rufen mit pornografischen Performanz(Aneignungs-)akten (und seien diese auch zum Teil emanzipatorisch gemeint) wiederum stereotype Geschlechtervorstellungen auf und können

34 In Theorien zu sprachlicher Gewalt wird der Ansatz verfolgt, dass Sprache der Gewalt nicht konträr gegenübersteht, sondern vielmehr auch Worte „Körperkraft" (Gehring 2007) besitzen und entsprechend ‚verletzend' (vgl. Butler 2006, 13; Herrmann/Krämer/Kuch 2007) eingesetzt werden können. Bestimmte Wortverwendungen bringen nicht nur eine bereits vorhandene Ausgrenzung sprachlich zum Ausdruck, sondern sie rufen sie hervor bzw. sind die Ausgrenzung selbst und verfestigen diese in ihrer Wiederholung. Sprachliche Absetzungsakte sind „rituelle Akte, die ihre Kraft aus gesellschaftlichen Kräfteverhältnissen beziehen" (Kuch/Herrmann 2007, 197). Eine Bezugnahme auf gesellschaftliche Klassifikationen (hier auf Geschlecht) kann das Gelingen eines Gewaltaktes maßgeblich sichern (vgl. Kuch/Herrmann 2007, 198-200). Dies hängt auch mit historisch gewachsenen Bedeutungspotentialen von Wörtern zusammen, die Bewertungen und Normkonzepte transportieren (vgl. Wengeler 2002, 10).

35 Geschlecht ist in dieser Analyse die fokussierte Untersuchungsdimension. Die Intersektionalitätsforschung macht auf den Zusammenhang von Diskriminierungen, die unterschiedliche soziale Dimensionen/Zugehörigkeiten betreffen (neben ‚gender' auch ‚class' und ‚race' – Geschlecht (in Differenzierung von ‚sex' und ‚gender' als biologisches und kulturelles/soziales Geschlecht), ‚Klasse' (soziale Herkunft/Position) und ‚Rasse' (Ethnizität, Nation)) aufmerksam und betont die Wechselwirkungen dieser Dimensionen (vgl. bspw. Walgenbach 2012a, 81, zitiert nach: Walgenbach 2012b, 1).

36 Dies steht nicht im Widerspruch dazu, dass auch Frauen an jener ‚Opfer-Konstitution' partizipieren können (ggf. ohne dass sie sich auch selbst als ‚Opfer' begreifen).

37 Auch wenn der ‚Battle-Gedanke' im HipHop, bei dem die (sprachliche) Herabsetzung des Rap-Gegners im Vordergrund steht, als ‚gewaltfreie' Auseinandersetzungsform (im Sinne eines ‚physischen' Gewaltverständnisses, das Sprache ausschließt und damit dem theoretischen Verständnis sprachlicher Gewalt entgegensteht; s. Fußnote 34) rezipiert wird, besteht sein kompetitives Moment.

als solche (miss-)verstanden werden.[38] Es können Selbstbemächtigungen von Körper sein, die einem ‚sich selbst zum Opfer machen' entsprechen (wenn schon Opfer, dann aber selbst gewählt) – irrtümlich als eigene Handlungsmächtigkeit und Selbstwirksamkeit (miss-)verstanden.[39]

Ziel sprachkritischer Betrachtungen kann es sein, zu Reflexionen anzuhalten und damit für ‚Sprachkultivierung' (im Sinne Wimmers 1984) einzutreten – entgegen einer Hybris, sich selbst aus den Mechanismen von Übernahmen der bspw. in Liedtexten vermittelten Wertigkeiten auszunehmen. Kognitive Routinen bilden sich zumeist nicht bewusst aus, ein reflektierter Sprachgebrauch ist das aktive Bemühen (in relevanten Situationen), sich (möglicher) stetig ausbildender Routinen bewusst zu werden und einen sensiblen Umgang zu befördern, d.h. die Bedeutung und Wirkungen von Sprache in ihrer Verwendung zu berücksichtigen.

In einer hegemonial (im Sinne Connells 1999) organisierten Welt, in der oftmals ‚Privilegierte' einen im Zuge von Gleichstellungsmaßnahmen stattfindenden bzw. ‚drohenden' Privilegienabbau mit Diskriminierung verwechseln und somit ‚Opfer-Perspektiven' verkehren,[40] erfordern Geschlechterkonzepte linguistisch-sprachkritische Analysen, um den Zu-

---

38 Diese Problematik des ‚männlichen Blicks' (verstanden als ‚gender-coherence', als Zusammenfall von gender, sex und desire (aufgrund eines Geschlechts ergibt sich ‚notwendigerweise'/‚naturgegeben' ein sexuelles Begehren zum ‚anderen' Geschlecht) mit den zugehörigen dichotomen und stereotypen Geschlechterverhältnissen) kann allerdings immer aufkommen, wenn Körperlichkeit der Frau ins Zentrum rückt, und ist wahrlich nicht nur die Perspektive von (einigen) Männern. Daraus ergibt sich die Forderung nach einer alternativen Lesbarkeit von Frauenkörpern jenseits der sexuellen (entgegen bspw. (Miss-) Verständnissen von Frauenkörpern als Reizobjekten, die es zu verhüllen gilt).

39 Vgl. Villa 2009 5: „Die Analyse komplexer sozialer Konstitutionsmodi und Strukturen des Privaten und Intimen, wie eben der Sexualität, tritt zugunsten eines Sich-stark-fühlens in den Hintergrund. Empowerment setzt vor allem auf das Abstreiten und Ablegen eines ‚Opfer-Status', dem empowerment das subjektive ‚Sich-Bemächtigen' entgegen setzt. Das ‚Bemächtigungsimperativ' (Bröckling 2004, zitiert nach Villa 2009, 5) ist die Textur des Porno- und Gangsterrap. Und tatsächlich ist in neoliberalen Zeiten nichts so schlimm wie ‚Opfer-Sein'. Gerade für junge Frauen muss es doch enorm verlockend sein, aus der Not eine Tugend zu machen und ihre Selbstpornographisierung als handlungsmächtiges Empowerment zu begreifen und zu inszenieren."

40 Ein problematischer Umstand bzgl. Gleichberechtigung ist die zum Teil von ‚Privilegierten' vertretene Symmetrisierung und Inversion, Privilegienabbau mit Diskriminierung zu verwechseln. Es resultiert „ein grundlegendes Folgeproblem von Fokussierungen der Privilegierten auf sich selbst: das Problem der schiefen Ebene. Was zunächst als legitime Thematisierung von Problemen beginnen mag, als Artikulation von Nachteilen und Sexismen, von denen auch Männer betroffen sind, mutiert schleichend zu einer problematischen Symmetrisierung der Diskriminierungsverhältnisse und landet schlimmstenfalls bei ihrer Inversion: einer Viktimisierung der Männer, die zu ‚Delinquentisierungen' Diskriminierter verführt" (di Blasi 2014, 19/20), „an deren Ende im schlimmsten Fall der Absturz in antifeministische, homophobe oder rassistische Gewalt steht" (di Blasi 2014, 21). Ein antimännlicher Sexismus ist ebenfalls relevant und zu analysieren, kann aber nicht mit Sexismus gegen Frauen relativiert und einzig fokussiert werden.

sammenhang von Sprachgebrauch, Denken und Handeln (als Diskurse, die sich als kognitive Routinen zwischen Denken und Handeln schieben; vgl. Ziem 2005, 10), Abwertungen, Verletzungen und Ausgrenzungen erfassen und beschreiben zu können.

Literatur

Busse, Dietrich/Teubert, Wolfgang (1994): Ist Diskurs ein sprachwissenschaftliches Objekt? Zur Methodenfrage der historischen Semantik. In: Busse, Dietrich/Hermanns, Fritz/Teubert, Wolfgang (Hg.): *Begriffsgeschichte und Diskursgeschichte. Methodenfragen und Forschungsergebnisse der historischen Semantik*. Opladen, S. 10-28.

Busse, Dietrich (2009): *Semantik*. Paderborn.

Busse, Dietrich (2013): Diskurs – Sprache – Gesellschaftliches Wissen. Perspektiven einer Diskursanalyse nach Foucault im Rahmen einer Linguistischen Epistemologie. In: Busse, Dietrich/Teubert, Wolfgang (Hg.): *Linguistische Diskursanalyse: neue Perspektiven*. Wiesbaden, S. 147-185.

Butler, Judith (2006): *Haß spricht. Zur Politik des Performativen*. Frankfurt a.M.

Connell, Raewyn (ehemals Robert William) (1999): *Der gemachte Mann. Konstruktion und Krise von Männlichkeiten*. Opladen.

Di Blasi, Luca (2014): Die andere Sexismus-Debatte. Essay. In: *APuZ. Aus Politik und Zeitgeschichte. Sexismus.* [Beilage zur Wochenzeitung Das Parlament] bpb, 64.Jhrg., 8/2014, 17. Februar 2014, S. 16-21.

Duden. Das große Wörterbuch der deutschen Sprache in acht Bänden (1993). Hrsg. und bearb. vom Wissenschaftlichen Rat und den Mitarbeitern der Dudenredaktion unter der Leitung von Günther Drosdowski. Mannheim.

Fraas, Claudia (1996): *Gebrauchswandel und Bedeutungsvarianz in Textnetzen: Die Konzepte IDENTITÄT und DEUTSCHE im Diskurs zur deutschen Einheit*. Tübingen.

Gehring, Petra (2007): Über die Körperkraft von Sprache. In: Herrmann, Steffen Kitty/Krämer, Sybille/Kuch, Hannes (Hg.), S. 211-228.

Herrmann, Steffen Kitty/Krämer, Sybille/ Kuch, Hannes (Hg.) (2007): *Verletzende Worte. Die Grammatik sprachlicher Missachtung*. Bielefeld.

Klein, Gabriele/Friedrich, Malte (2003): *Is this real? Die Kultur des HipHop*. Frankfurt a.M.

Konerding, Klaus-Peter (1993): *Frames und lexikalisches Bedeutungswissen. Untersuchungen zur linguistischen Grundlegung einer Frametheorie und zu ihrer Anwendung in der Lexikographie*. Tübingen.

Kreuz, Christian/Wengeler, Martin (2014): Quantitative und qualitative Methoden der Diskurslinguistik am Beispiel der sprachlichen Konstruktion von Wirtschaftskrisen. In: *Mitteilungen des Deutschen Germanistenverbandes* 61, S. 60-72.

Kuch, Hannes/Herrmann, Steffen Kitty (2007): Symbolische Verletzbarkeit und sprachliche Gewalt. In: Herrmann, Steffen Kitty/Krämer, Sybille/Kuch, Hannes (Hg.), S. 179-210.

Laqueur, Thomas (2000): Aus eins mach zwei. Erst seit der Aufklärung gelten Mann und Frau als grundverschieden. In: Neue Zürcher Zeitung (NZZ) FOLIO: *Mann und Frau. Der grosse kleine Unterschied*. Juli 2000. http://folio.nzz.ch/2000/juli/aus-eins-mach-zwei.

Lönneker, Birte (2003): *Konzeptframes und Relationen. Extraktion, Annotation und Analyse französischer Corpora aus dem World Wide Web*. Berlin.

Polenz, Peter von (1988): *Deutsche Satzsemantik. Grundbegriffe des Zwischen-den-Zeilen-Lesens*. 2. durchges. Aufl. Berlin/New York.

Scharloth, Joachim/Eugster, David/Bubenhofer, Noah (2013): Das Wuchern der Rhizome. Linguistische Diskursanalyse und Data-driven Turn. In: Busse, Dietrich/Teubert, Wolfgang (Hg.): *Linguistische Diskursanalyse: neue Perspektiven*. Wiesbaden, S. 345-380.

Strecker, Bruno (1983): Das Geschäft der Sprachkritik und die Verantwortung des Sprachwissenschaftlers. In: *Das Argument* 98, S. 7-27.

Teubert, Wolfgang (2006): Korpuslinguistik, Hermeneutik und die soziale Konstruktion der Wirklichkeit. In: *Linguistik Online* 28, 3/06. http://www.linguistik-online.de/28_06/ teubert.html.

Villa, Paula-Irene (2009): *Ja kein Opfer werden! Statement zu „Liebeslieder waren gestern": Zur Jugendschutzproblematik von Porno- und Gangsterrap.* http://www2.gender.hu-berlin.de/genderbib/wp-content/uploads/2009/12/PornoPop_JakeinOPferwerden_VILLA.pdf.

Villa, Paula-Irene (2012): *Banale Kämpfe.* Wiesbaden.

Walgenbach, Katharina (2012a): Intersektionalität als Analyseperspektive heterogener Stadträume. In: Scambor, Elli/Zimmer, Fränk (Hg.) (2012): *Die intersektionelle Stadt. Geschlechterforschung und Medien an den Achsen der Ungleichheit.* Bielefeld.

Walgenbach, Katharina (2012b): *Intersektionalität - eine Einführung.* http://portal-intersektionalitaet.de/uploads/media/Walgenbach-Einfuehrung.pdf bzw. http://portal-intersektionalitaet.de/theoriebildung/schluesseltexte/walgenbach-einfuehrung/.

Wengeler, Martin (2002): „1968", öffentliche Sprachsensibilität und political correctness. Sprachgeschichtliche und sprachkritische Anmerkungen. In: *Muttersprache* 112, S. 1-14.

Wimmer, Rainer (1984): Sprachkultivierung durch Sprachkritik: ein Plädoyer für reflektierten Sprachgebrauch. http://www.ids-pub.bsz-bw.de/files/1161/Wimmer_Sprachkultivierung_durch_Sprachkritik_1984.pdf.

Ziem, Alexander (2005): Frame-Semantik und Diskursanalyse. Zur Verwandtschaft zweier Wissensanalysen. https://www.phil-fak.uni-duesseldorf.de/fileadmin/Redaktion/Institute/Germanistik/Konstruktionsgrammatik/ZiemFrames_Diskurs.pdf, S. 1-11.

Ziem, Alexander (2008a): *Frames und sprachliches Wissen. Kognitive Aspekte der semantischen Kompetenz.* Berlin/New York.

Ziem, Alexander (2008b): Frame-Semantik und Diskursanalyse – Skizze einer kognitionswissenschaftlich inspirierten Methode zur Analyse gesellschaftlichen Wissens. In: Warnke, Ingo/Spitzmüller, Jürgen (Hg.): *Diskurslinguistik nach Foucault. Methoden.* Berlin/New York, S. 89-116.

Miriam Olk
Universität Trier
FB II - Germanistik
Germanistische Linguistik
54286 Trier
E-Mail: olkm2201@uni-trier.de